Alles über Bitcoin, Ethereum und Co.

Antonie Klotz, Prof. Dr. Philipp Sandner,
Brigitte Wallstabe-Watermann

Alles über
Bitcoin
Ethereum und Co.

Stiftung Warentest

Inhaltsverzeichnis

17

Bitcoin: Gift oder Gold?

68

Kriminalität: Wo die Fallen lauern und wie man sie meidet

104

Risiko: Wenn, dann nur kleine Käufe bei sicheren Anbietern

40

Blockchains: Käufe, Verkäufe und mehr – ganz ohne Vermittler

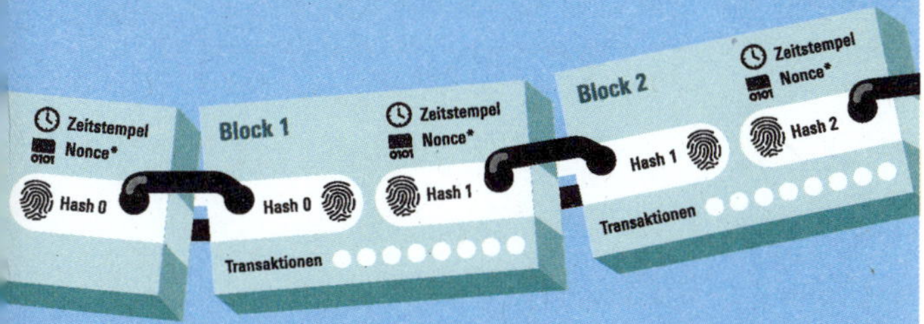

64

Stromfresser: Für Kryptogeschäfte braucht es Hochleistungsrechner. Ihr Energieverbrauch ist schwer einzuschätzen.

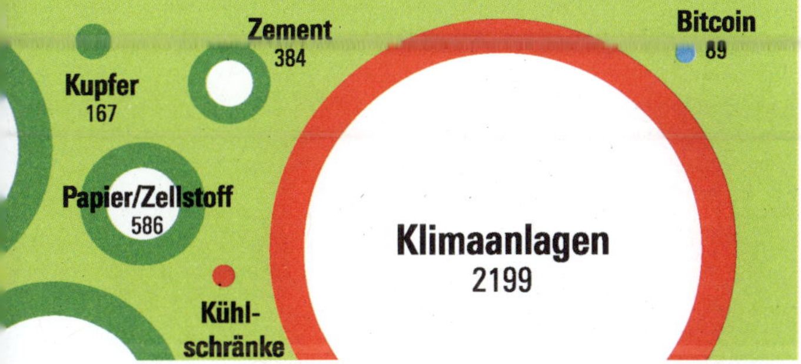

131

Gewinne: Wann das Finanzamt die Hand aufhält.

Was wollen Sie wissen?

Von Bitcoin und Ethereum haben Sie gehört, vielleicht auch schon erste Erfahrungen mit Kryptowerten gesammelt. Sie möchten das Ganze aber besser verstehen. Vielleicht wollen Sie wissen, ob das etwas für Sie sein könnte oder ob man Bitcoin, Ethereum & Co. doch lieber ignorieren sollte. In diesem Buch finden Sie die wichtigsten Informationen einfach und verständlich erklärt.

Was ist die Idee hinter Bitcoin, Ethereum & Co.?

Kryptowerte wie Bitcoin und Ethereum sind ein digitales System für den Wertetransfer, das ganz ohne Geschäfts- und Zentralbanken auskommt. Stattdessen funktioniert der Wertetransfer auf Basis von Kryptografie. Das ist die ursprüngliche Idee, die hinter Bitcoin steckt. Es kommt nicht von ungefähr, dass das Konzept für Bitcoin gerade Ende 2008 bekannt gemacht wurde – also mitten in der Weltfinanzkrise, in der mehrere bis dato weltbekannte Banken pleitegingen. Die Idee eines komplett dezentral organisierten digitalen Geldes, das nur den Nutzerinnen und Nutzern gehört, hatte daher auch eine revolutionäre oder antikapitalistische Note. Inzwischen wird vor allem die hinter Bitcoin und Ethereum steckende Blockchain-Technologie auch für viele andere Anwendungen genutzt (siehe dazu „Eine kurze Geschichte von Bitcoin“, S. 12).

Was hat es mit der Blockchain auf sich, und wie geht das?

Eine Blockchain (chain = Englisch für Kette) kann man sich als dezentrales, öffentliches Buchungssystem vorstellen. Die Blockchain-Technologie ist die Basis von Bitcoin, Ethereum & Co. Ihre beiden wichtigsten Prinzipien sind Dezentralität und Transparenz. Kurz gesagt bedeutet das, dass bei einer Blockchain sämtliche Informationen zu allen jemals getätigten Transaktionen im Netzwerk mit allen Teilnehmern geteilt und dezentral abgelegt werden. Die Datensätze darin werden in einer immer länger werdenden Kette aneinandergereiht. Die Buchungen in der Vergangenheit lassen sich aufgrund der verwendeten Kryptografie nicht mehr verändern. Denn die Buchungsblöcke sind miteinander verkettet. Gleichzeitig bleiben alle Teilnehmer des Netzwerks weltweit auf demselben Informationsstand. (Mehr dazu siehe „Blockchain-Technologie erklärt", S. 40.)

Wie kann ich einen Kryptowert kaufen?

Es gibt verschiedene Möglichkeiten mit Vor- und Nachteilen, die wir im Detail vorstellen. Kaufinteressenten können Kryptowerte zum Beispiel direkt über internationale Handelsplätze erwerben. Sie können aber auch ein Wertpapierdepot bei mehreren deutschen Onlinebrokern eröffnen und darüber Kryptowerte handeln. Vorwiegend im Ausland kann man sie auch am Automaten bekommen. Deutsche Onlinebroker bieten ihren Kunden an, die Kryptowährungen auch aufzubewahren, was ähnlich funktioniert wie die Verwahrung von Wertpapieren im Depot. (Mehr unter „Kryptowerte kaufen", S. 103.)

Was ist ein Krypto-Wallet und brauche ich das?

Wallet bedeutet übersetzt Geldbörse, das heißt, sie dient der Verwahrung von Werten. Genau genommen liegen im Krypto-Wallet nicht die einzelnen Kryptowerte, sondern nur die Schlüssel dazu. Das sind die sogenannten Keys. Jedes Wallet hat eine öffentliche Adresse, vergleichbar mit einer Kontonummer, und eine Art Pin, die nur der Eigentümer kennen darf, genannt Private Key. Ohne den geht nichts. Geht er verloren oder gelangt in die falschen Hände, sind die Krypto-Bestände weg. Es gibt viele verschiedene Formen von Wallets, die wir Ihnen im Abschnitt „Wallets für Anfänger sowie für Profis", S. 116 vorstellen.

Ich lege Wert auf Nachhaltigkeit. Kann ich dann Bitcoin & Co. kaufen?

Bitcoin steht in der Kritik, weil die Sicherheit des Systems unter anderem auf dem sogenannten Mining beruht. Dafür sind immer leistungsfähigere Computer erforderlich, sodass bislang der Stromverbrauch von Bitcoin tendenziell weiter ansteigt. Es wird kritisiert, dass das Netzwerk Schätzungen zufolge inzwischen so viel Strom wie manche Staaten braucht.

Der hohe Stromverbrauch ist indes vor allem ein Problem von Bitcoin, nicht der Technologie als solcher. Bei anderen Kryptowerten wie Ethereum ist der Stromverbrauch weitaus geringer. Es gibt verstärkt Bemühungen, den Stromverbrauch weiter zu reduzieren und vor allem auch nachhaltig erzeugten Strom zu verwenden, um den CO_2-Ausstoß zu begrenzen. Dennoch bleibt der hohe Stromverbrauch ein Problem, das Stand heute klar zu kritisieren ist. Mehr Details dazu erläutern wir Ihnen im Abschnitt „Stromverbrauch unter der Lupe", S. 64.

Was sind Stablecoins?

Stablecoins sind Kryptowerte, die an eine etablierte Währung gekoppelt sind, etwa den US-Dollar oder den Euro. Sie sollen einen möglichst stabilen Wechselkurs aufweisen und sind daher häufig besichert. Die bisher etablierten Stablecoins werden aber nicht von staatlichen Notenbanken geschaffen, sondern von Unternehmen auf einer Blockchain herausgegeben. Sie gelten als wichtig für das weitere Entstehen des sogenannten dezentralen Finanzwesens (DeFi). Mehr dazu lesen Sie im Abschnitt „Who is who?" ab S. 52.

Werden Kryptowährungen normales Geld ersetzen?

Es wird Zeit für eine Begriffsklärung: So wie sich das Krypto-Universum bisher entwickelt hat, lässt sich feststellen, dass es „die Kryptowährungen" nicht gibt. Zu unterschiedlich sind ihre Eigenschaften und Einsatzgebiete. Bitcoin wurde zwar als elektronisches Zahlungssystem erdacht und entwickelt, wird aber inzwischen viel mehr als digitaler Vermögenswert denn als Währung genutzt. Währungen leben jedoch davon, dass Menschen sie auch zum Bezahlen nutzen. Wir sprechen daher bei Bitcoin, Ethereum & Co. in diesem Buch in der Regel lieber von Kryptowerten anstatt von Kryptowährungen. Dass Kryptowerte herkömmliche Währungen ablösen, ist aus heutiger Sicht nicht zu erwarten. Wahrscheinlicher ist, dass Kryptowerte, Bargeld und die voraussichtlich von Notenbanken herausgegebenen Digitalwährungen nebeneinander existieren und genutzt werden. In Ländern mit instabilen Finanzsystemen und anhaltend hoher Teuerung erscheint es wahrscheinlicher, dass Kryptowerte rasch an Bedeutung gewinnen. So ist Bitcoin bereits in zwei kleineren Ländern als gesetzliches Zahlungsmittel anerkannt. Mehr dazu siehe S. 26 und S. 60.

Warum Bitcoin und Ethereum spannend sind

Geld nur digital, ohne Scheine? Vielen klingt das zu sehr nach „Des Kaisers neue Kleider". Andere sind geflasht und glauben, Bitcoin könnte global eine harte Währung werden. An Kryptowerten scheiden sich die Geister. Zeit für eine nüchterne Einordnung.

Innerhalb von etwa 14 Jahren aus dem Nichts auf einen Wert von derzeit (Anfang August 2022) rund 23 000 Euro je Bitcoin. Ein rasanter Anstieg, den der Bitcoin, der erste und bekannteste Kryptowert der Welt, hingelegt hat. Doch zwischenzeitlich, im November 2021, wurde der Bitcoin auch schon mal für rund 68 700 US-Dollar/59 800 Euro gehandelt – der Kurs markiert das bisher erreichte Allzeithoch.

Die noch kurze Geschichte des digitalen Geldsystems Bitcoin ist geprägt von enormen Kursaufschwüngen und -abstürzen, aber auch von Geheimnissen, Mythen, Skandalen, Irrungen und Wirrungen. Kein Wunder, dass Bitcoin die wenigsten kaltlässt, die davon hören. Der Bitcoin polarisiert und fasziniert.

Fakt ist: Das Bitcoin-Netzwerk funktioniert nun bereits seit Anfang 2009 ohne nennenswerte Unterbrechungen – und hat inzwischen zahllose Nachahmer auf den Plan gerufen. Entstanden ist eine Industrie mit zahlreichen weiteren Kryptowerten, die ebenfalls um die Gunst von Käufern buhlen. Vor Kurzem noch kaum vorstellbar, ermöglichen inzwischen mehrere etablierte Onlinebroker und sogar erste Volksbanken in Deutschland den Handel von Kryptowerten. Und immer mehr Menschen überlegen, ihr Geld in digitale Währungen und Vermögenswerte zu stecken. Sie schrecken jedoch teilweise vor den damit verbundenen technischen Anforderungen, dem unübersichtlichen Markt sowie heftigen Kursschwankungen zurück. Immerhin hält im Schnitt schon knapp jeder zehnte Haushalt in Europa Kryptowerte, hat die Europäische Zentralbank ermittelt.

Es ist daher Zeit, sich dem Faszinosum Bitcoin und anderen digitalen Vermögenswerten auf verständliche Art und Weise zu nähern und für die nötige sachliche Einordnung zu sorgen!

Eine kurze Geschichte von Bitcoin

Aus nebulösen Anfängen hin zu einem heiß diskutierten Vermögenswert: Die Geschichte von Bitcoin ist spannend und voller Geheimnisse.

Alles begann mit einer schlichten E-Mail am 1. November 2008. Sie erinnern sich vielleicht: Gerade einmal sechs Wochen war es her, dass mit Lehman Brothers die damals viertgrößte Investmentbank der USA pleitegegangen war. Ihr Konkurs markierte den vorläufigen traurigen Höhepunkt der globalen Finanzmarktkrise, die Schockwellen um den Globus jagte und viele Länder in eine schwere Banken- und Wirtschaftskrise schickte. In Deutschland sahen sich die damalige Bundeskanzlerin Angela Merkel und Bundesfinanzminister Peer Steinbrück unter anderem wegen der Schieflage des Kreditinstituts Hypo Real Estate, damals Europas größter Immobilienfinanzierer, Anfang Oktober 2008 dazu genötigt, die Bundesbürger mit den folgenden Worten zu beruhigen: „Wir sagen den Sparerinnen und Sparern, dass ihre Einlagen sicher sind. Auch dafür steht die Bundesregierung ein." Damit wollten sie die Menschen in Deutschland davon abbringen, womöglich in Scharen die Geldautomaten zu leeren, was unabsehbare wirtschaftliche und gesellschaftliche Folgen mit sich gebracht hätte. Und tatsächlich: Die Worte von Bundeskanzlerin und Bundesfinanzminister wirkten beruhigend. Dennoch führte die Finanzkrise rund um den Globus zu einem großen Verlust an Vertrauen in den Bankensektor.

Finanzkrise als Katalysator

Die Finanzkrise markierte den zeitgeschichtlichen Hintergrund für besagte E-Mail vom 1. November. Die E-Mail schickte ein Programmierer/eine Programmiererin oder eine Personengruppe unter dem Pseudonym Satoshi Nakamoto an eine Mailingliste von Kryptografie-Begeisterten. Bis heute weiß man nicht genau, wer sich hinter dem Pseudonym verbirgt – was dem Ganzen den Hauch des Geheimnisvollen gibt. Darin stellte(n) der oder die bis heute Unbekannte(n) ein neuartiges digitales Geldsystem vor.

In dem mitgeschickten Arbeitspapier mit dem Titel „Bitcoin: A Peer-to-Peer Electronic Cash System" (auch auf Deutsch abrufbar unter bitcoin.org) wird erläutert, wie ein solches digitales Geldsystem ausgestaltet sein könnte. Der Kernpunkt: Es kommt komplett ohne zwischengeschaltete Finanzinstitute oder sonstiges Vertrauen in eine zentrale Instanz aus und ermöglicht trotzdem sichere und für alle Seiten verbindliche Geldtransaktionen. Ein solches dezentrales System steht damit in Kontrast zum etablierten Finanzsystem, in dem Zentralbanken und Geschäftsbanken für die Ausgabe

HÄTTEN SIE'S GEWUSST?

Sie denken bei **Fiat-Währung** an ein italienisches Auto? Weit gefehlt, wenn auch nicht ganz daneben. Das Italienische stammt vom Lateinischen ab. Das Wort „fiat" ist Lateinisch und bedeutet so viel wie „es geschehe", „es werde" oder „es möge sein".

Unter einer Fiat-Währung versteht man ein Tauschmittel, das von einem Staat bzw. der jeweiligen Zentralbank herausgegeben und als gesetzliches Zahlungsmittel vorgeschrieben und sozusagen aus dem Nichts geschaffen wird.

Anders als ein Warengeld – wie früher Zigaretten oder Salz – besitzt Fiat-Geld keinen eigentlichen intrinsischen Wert abseits der bedruckten Banknoten, sondern lebt vom Vertrauen, der Garantie der Zentralbank und der Akzeptanz seiner Nutzer. US-Dollar, Euro, Schweizer Franken etc. sind Fiat-Währungen.

des Geldes sorgen und dafür geradestehen, dass Geldtransfers ordnungsgemäß abgewickelt werden.

Im November 2021 markierte Bitcoin sein vorläufiges Allzeithoch bei gut 68 700 US-Dollar. Anfang August 2022 notiert Bitcoin wieder „nur" bei rund 23 000 Euro.

Zunächst schlug das Papier öffentlich keine großen Wellen. Denn schon in den Jahren zuvor hatte es mehrere Vorschläge für digitale Währungen gegeben. Ihnen war allesamt keine Zukunft beschieden.

Am 3. Januar 2009 war es dann so weit: Das Bitcoin-System ging in Betrieb, die ersten 50 Bitcoins kamen auf den Markt. Im allerersten Buchungssatz von Bitcoin wurde explizit auf die Finanzkrise Bezug genommen und die Titelseite der britischen Tageszeitung „The Times" zitiert: „Chancellor on brink of second bailout for banks" – auf Deutsch: „Schatzkanzler kurz vor der zweiten Rettungsaktion für Banken."

Am 12. Januar 2009 schickte die Person(engruppe) mit dem Pseudonym Satoshi Nakamoto zehn Bitcoins an den Programmierer Hal Finney. Das gilt als die erste Bitcoin-Transaktion. Im Herbst 2009 verkaufte ein heute nicht mehr existenter Internethandelsplatz 5 050 Bitcoins zu einem Kurs von insgesamt 5,02 US-Dollar – das gilt als das erste Mal, dass Bitcoin ein Marktpreis zugesprochen wurde. Doch erst im Mai 2010 wurde Bitcoin zum ersten Mal zum Kauf einer Ware genutzt: Damals zahlte jemand für zwei Pizzen im Gegenwert von 25 US-Dollar insgesamt 10 000 Bitcoin – nach heutigem Wert (August 2022) wären das sage und schreibe rund 225 Millionen Euro für ein Essen zu zweit.

Von Skandalen und Kursrekorden

Zwar wurde im Juli 2010 mit Mt. Gox in Asien die erste Online-Tauschplattform für Bitcoin gegründet, doch noch für eine Weile blieb Bitcoin vor allem ein Projekt für eine überschaubare Gruppe von IT-Profis und Skeptikern des etablierten Banken- und Finanzsystems. Im Februar 2011 kletterte der Bitcoin erstmals über die Marke von einem US-Dollar, was ihm etwas breitere Aufmerksamkeit einbrachte. Danach ging es steil bergauf: Ende 2013 sprang Bitcoin erstmals kurzfristig über die Marke von 1 000 US-Dollar, danach sanken die Notierungen wieder deutlich – und nach dem 2014 bekannt gewordenen spektakulären „Einbruch" in den Handelsplatz Mt. Gox, bei dem Kunden über mehrere Jahre rund 750 000 Bitcoin entwendet wurden, kehrte für einige Jahre wieder Ruhe ein (siehe „Die größten Skandale", S. 76).

Spätestens seit dieser Zeit war Bitcoin vor allem als Eldorado für Kriminelle und Abzocker sowie als Instrument für Geldwäsche verschrien. Token im Gegenwert von geschätzt mehreren Milliarden Dollar wurden von 2010 bis 2021 gestohlen, ganze Handelsplätze verschwanden über Nacht, manche Betreiber tauchten mitsamt den Vermögenswerten der Kundinnen und Kunden unter.

Doch allen Unkenrufen zum Trotz ging es noch mehrfach unter enormen Schwankungen mit seiner Notierung aufwärts: Ende 2017 knackte der Bitcoin die Marke von 20 000 US-Dollar, knickte wieder ein und markierte dann im November 2021 sein vorläufiges Allzeithoch bei gut 68 700 US-Dollar. Inzwischen (Anfang August 2022) notiert Bitcoin wieder „nur" bei gut 23 000 US-Dollar. Trotz dieser enormen Schwankungen ist Bitcoin inzwischen ähnlich hoch bewertet wie manches internationale Unternehmen (siehe Grafik S. 16).

Sie sehen schon: Die Kursentwicklung von Bitcoin, gemessen in US-Dollar oder Euro, ist von enormen Schwankungen geprägt. Viele finden das faszinierend, aber wer zum falschen Zeitpunkt einsteigt, kann sehr schnell eine Menge Geld verlieren.

Inzwischen hat der Bitcoin ein komplett neues Ökosystem entstehen lassen mit bis dato mehr als 19 000 Kryptowerten. Der zweitbekannteste nach Bitcoin ist Ethereum, beide zusammen dominieren sie den – wachsenden – Markt mit einem Anteil von rund 60 Prozent. Erst mit großem Abstand folgen weitere Kryptowerte. Bitcoin und Ethereum sind es auch, deren Technologien

HÄTTEN SIE'S GEWUSST?

Mit **Bitcoin statt mit Euro** in Deutschland an der Ladenkasse bezahlen? Das Geschäft, das sich darauf einlässt, wird man mit der Lupe suchen müssen.

Virtuelle Währungen, auch Kryptowerte genannt, sind laut Bundesfinanzministerium digital dargestellte Werteinheiten. Sie werden von keiner Zentralbank oder öffentlichen Stelle herausgegeben oder garantiert. Daher haben sie nicht den gesetzlichen Status einer Währung oder von Geld – und müssen in Geschäften nicht akzeptiert werden.

Das schließt aber nicht aus, dass Personen oder Unternehmen individuell Kryptowährungen als Tauschmittel annehmen. Virtuelle Währungen werden auf elektronischem Weg übertragen, gespeichert und gehandelt. Zu den bekanntesten zählen Bitcoin, Ether, Litecoin und Ripple.

Marktwert von Bitcoin & Co. im Vergleich zu wichtigen Vermögenswerten

Bitcoin ist inzwischen mehr wert als Deutschlands größte Unternehmen, aber weniger als so manche international bekannte Firma. Der Marktwert aller börsennotierten Aktien ist allerdings noch um ein Vielfaches höher.

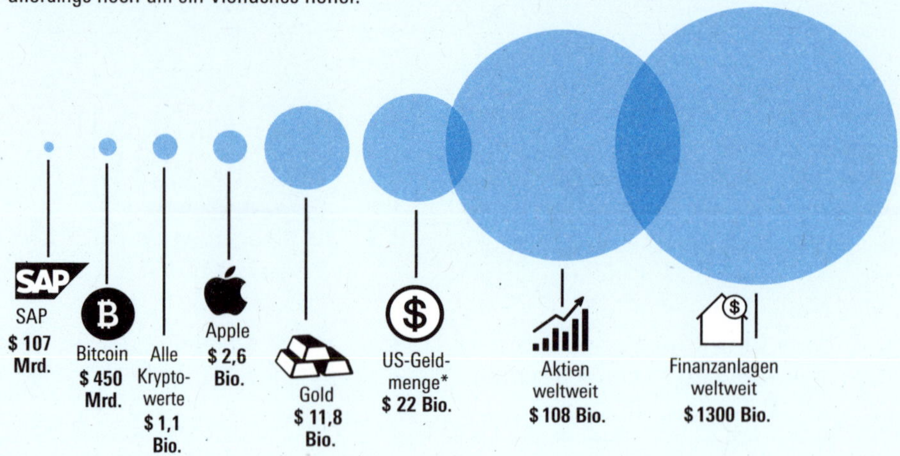

*) Bargeld und kurzfristige Einlagen

Stand: August 2022, Quelle: Frankfurt School Blockchain Center

aus heutiger Sicht besonders spannend sind, während viele andere Projekte von vorneherein zum Scheitern verurteilt sein dürften und manche sogar in betrügerischer Absicht entstanden sind. Gut möglich aber, dass das Krypto-Projekt, das in zehn Jahren vielleicht besonders bedeutend sein wird, heute noch gar nicht existiert.

Längst machen auch „normale“ Banken keinen großen Bogen mehr um Kryptowerte. Und Zahlungsverkehrsdienstleister wie Visa und Paypal wickeln zumindest in den USA bereits erste Testzahlungen in Bitcoin ab oder stehen wie Mastercard kurz davor. „Es geht darum, Verbrauchern, Händlern und Unternehmen die Nutzung von digitalen Währungen zu ermöglichen und sie selbst entscheiden zu lassen, ob sie lieber in Krypto- oder Fiat-Währungen einkaufen oder bezahlen möchten“, heißt es zum Beispiel bei Mastercard.

→ Was bedeutet der Begriff Kryptotoken?

„Krypto“ kommt aus dem Altgriechischen und bedeutet so viel wie „verborgen“, „geheim“ oder „geschützt“. Der Begriff „Token“ ist ein Oberbegriff für digitale Einheiten, denen bestimmte Ansprüche oder Rechte zugeordnet werden. Es lassen sich verschiedene Arten von Token unterscheiden.
Der Begriff „Kryptotoken“ bezeichnet ganz allgemein daher die digitale Abbildung von Werten, die mithilfe von Kryptografie, also ausgefeilten Verschlüsselungsmethoden, gesichert sind. Virtuelle Währungen – auch Kryptowerte genannt (siehe „Hätten Sie's gewusst“ S. 15) – zählen somit zu den Kryptotoken.

Wertloses Spekulationsobjekt oder spannende Technologie?

„Rattengift hoch zwei" oder „das neue Gold"? Kritiker und Fans sparen nicht mit markigen Vergleichen. Wir schauen uns die Pro- und Contra-Argumente genauer an.

Klar ist, Bitcoin hat sich langsam, aber bisher unaufhörlich auf der Weltbühne etabliert. Wichtig für Sie zu wissen: Wenn wir von Bitcoin reden, ist damit zum einen das Bitcoin-Netzwerk als solches gemeint, zum anderen auch die innerhalb des Systems geschaffene gleichnamige Verrechnungseinheit (BTC). Was aber ist das für eine Währung, die solche Preissprünge vollzieht? Worin liegt die Faszination von Bitcoin und Co.? Wie schon ausgeführt, dominiert Bitcoin den Kryptomarkt, gefolgt von dem Ende 2013/Anfang 2014 vorgestellten Ethereum-Netzwerk (mehr zu Ethereum und der Währung Ether ab S. 31). Erst mit großem Abstand dahinter folgen die weiteren Kryptowerte. Ethereum hat derzeit die mit Abstand größte Community und zieht die meisten Programmierer auf sich.

Aber heißt das, dass Bitcoin und Ethereum auch in zehn Jahren die bedeutendsten Kryptoprojekte sein werden? Tatsächlich kann das keiner sagen. Sie sehen schon, der Bereich entwickelt sich so dynamisch, dass Prognosen von besonders hoher Unsicherheit geprägt sind. Daher konzentrieren wir uns auf die wichtigsten langfristig absehbaren Tendenzen und Eigenheiten der Kryptowelt. Und die sind auch interessant für Menschen, die nicht täglich viele Stunden vor ihrem Computer sitzen, gebannt die Kurse von Kryptowerten verfolgen und darauf hoffen, mit aktivem Hin-und-her-Handeln einen schnellen Gewinn zu erzielen.

Die Argumente der Krypto-Gegner ...

Doch an kaum einer neueren Entwicklung im Internetzeitalter scheiden sich so sehr die Geister. Kryptowerte seien eine „Mischung aus Blase, Schneeballsystem und (...) Desaster für die Umwelt", sagte Agustin Carstens, Chef der Bank für Internationalen Zahlungsausgleich (BIZ), schon 2018 und verwies unter anderem auch auf den Stromverbrauch des Bitcoin-Schürfens. Er sah darin den Versuch, Geld aus dem Nichts zu schaffen, und kritisierte, Kryptowerte gäben nur vor, Währungen zu sein, drohten aber bei engerer Anbindung an das allgemeine Finanzsystem „zu einer Gefahr für die Finanzstabilität" zu werden.

Marktpreise von Bitcoin und Ether

Unter extremen Schwankungen haben sich die Marktpreise von Bitcoin und Ether bislang entwickelt. Spekulanten brauchen daher Nerven wie Drahtseile.

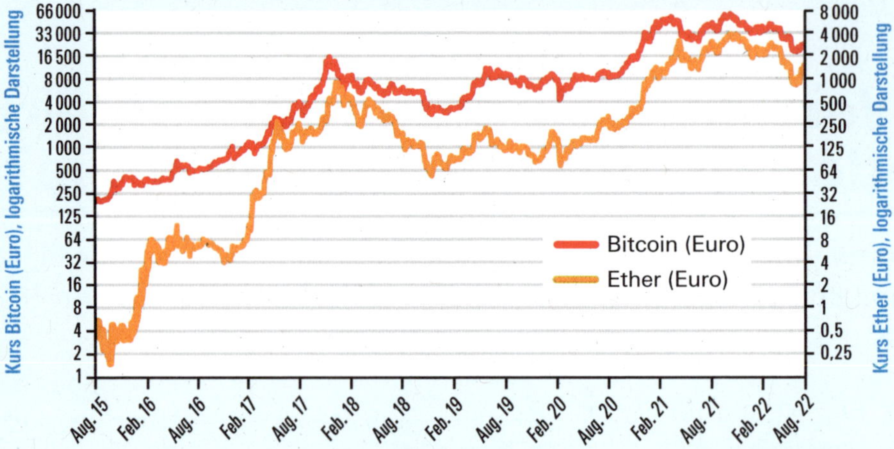

Quelle: Refinitiv (Bitstamp)

Aus Sicht von Agustin Carstens und auch aus der von anderen Kritikern spielt Vertrauen die zentrale Rolle, wenn es darum geht, eine glaubwürdige Währung zu etablieren. Dabei käme Zentralbanken als Hüter des öffentlichen Vertrauens eine wichtige Rolle zu, argumentiert der BIZ-Generaldirektor. Genau dieses Vertrauen fehle jedoch den Kryptowerten, für die kein Individuum und keine Institution hafte.

Wenn man Bitcoins und Co. nutzen wolle, müsse man auf Intermediäre wie beispielsweise die – wenig regulierten – Bitcoin-Handelsplätze zurückgreifen. „Kryptowährungen profitieren von derselben institutionellen Infrastruktur, die dem gesamten Finanzsystem dient, und von dem Vertrauen, das dieses bietet", so der Chef der BIZ, Agustin Carstens, weiter. Die neuen digitalen Token könnten daher zu „Parasiten" des Finanzsystems werden. Überdies erfüllten sie bislang keine der grundlegenden Funktionen, die in herkömmlichen Lehrbüchern für Geld genannt werden – und zwar wegen der sehr hohen Kursschwankungen, hoher Transaktionskosten, wegen mangelnden Verbraucher- und Anlegerschutzes und wegen fehlender Akzeptanzstellen für Kryptozahlungen.

→ Drei Aufgaben von Geld

Lehrbücher über Geldtheorie listen üblicherweise drei Funktionen auf, die Geld in einer arbeitsteiligen Volkswirtschaft erfüllt. Vor allem geht es darum, Komplexität zu reduzieren. Denn zum Ersten dient Geld als Tauschmittel, um den Austausch von Waren und Dienstleistungen zu ermöglichen. Zum Zweiten fungiert es als Recheneinheit. So lässt sich der Wert aller Güter, Dienstleistungen, aber auch von Forderungen und Verbindlichkeiten in ein und derselben Größe ausdrücken. Und drittens dient Geld als Wertaufbewahrungsmittel. Dadurch kann man Kauf und Verkauf von Gütern und Dienstleistungen zeitlich voneinander getrennt zu verschiedenen Zeitpunkten vollziehen. Je mehr Stabilität ein als Geld genutztes Gut aufweist, desto besser erfüllt es diese drei Funktionen. Dafür muss es vor allem gut haltbar, teilbar, einheitlich und selten sein. Über die Jahrtausende der Menschheitsgeschichte haben verschiedenste Güter als Geld fungiert – unter anderem seltene Muscheln, Steine und bis heute Gold.

Das Hauptargument der Kritiker lautet: Bitcoin und andere Digitalwährungen hätten weder einen innewohnenden Wert, weil dahinter nicht zum Beispiel die Wirtschaftskraft einer Volkswirtschaft als Sicherheit stehe, noch seien sie durch andere hinterlegte Sicherheiten gedeckt. Regulierungsbehörden warnen daher in regelmäßigen Abständen Verbraucher und Verbraucherinnen vor den hohen Risiken und starken Schwankungen.

„Wenn Sie mir jetzt sagen würden, dass Sie alle Bitcoins der Welt besitzen und sie mir für 25 Dollar anbieten würden, würde ich sie nicht nehmen, denn was würde ich damit machen?", sagte der weltbekannte US-Investor Warren Buffett, der zu den reichsten Menschen der Welt zählt, zuletzt auf seinem Investorentreffen im Mai 2022. Bitcoins seien nichts wert, weil sie nichts produzierten, begründete Buffett seine Ablehnung gegenüber der größten Kryptowährung. Wer Bitcoin besitze, sei allein darauf angewiesen, dass jemand anderes bereit sei, mehr dafür zu bezahlen, als er oder sie gezahlt habe. Bereits 2018 hatte Buffett Bitcoin als „Rattengift hoch zwei" tituliert.

Warren Buffets Kompagnon Charlie Munger schlug auf besagtem Investorentreffen in dieselbe Kerbe: „Ich habe in meinem Leben versucht, Dinge zu vermeiden, die dumm oder böse sind oder die mich gegenüber anderen schlecht aussehen lassen", sagte Munger. „Auf Bitcoin treffen alle drei Punkte zu." Bitcoins seien „dumm", so Munger, weil er davon ausgehe, dass sie nichts wert seien. Sie seien „böse", weil sie das US-Finanzsystem destabilisierten. Und sie ließen die USA schlecht aussehen, weil sie – anders als die chinesische Regierung – nicht den Schritt gewagt habe, sie zu verbieten.

Die Antworten der Bitcoin-Anhänger

Die Anhänger von Bitcoin reagierten auf die Äußerungen der beiden weltbekannten Investoren, die inzwischen 91 (Buffett) und 98 (Munger) Jahre alt sind, im Internet dagegen offen mit Hohn und sprachen den beiden wegen ihres Alters ab, das Thema Kryptowährungen richtig zu verstehen. Tatsache ist, dass der Besitz von Bitcoin und anderen Kryptowährungen eng mit demografischen

Faktoren zusammenhängt, wie eine Umfrage in Deutschland zeigt: Der Besitz von Bitcoin & Co. ist vorwiegend eine Domäne der jüngeren, männlichen Bevölkerung im Alter von 18 bis 39.

Mit großer Leidenschaft und markigen Worten argumentieren sowohl Gegner als auch Befürworter von Bitcoin & Co. Wichtigster Kommunikationskanal der Branche ist der Social-Media-Kanal Twitter. Beiträge von erfahrenen Kryptoexperten oder populären Kryptoanhängern wie Tesla-Gründer Elon Musk schicken den Kurs von Bitcoin und anderen Kryptowerten, wie den als „Spaßwährung" gestarteten Dogecoin, mit ihren Äußerungen immer mal wieder auf spektakuläre Berg- und Talfahrt.

Die Diskussion weist häufig religiöse Züge auf

Einer der glühendsten Fans von Bitcoin ist der als libertär-ultrakapitalistisch geltende US-Tech-Investor Peter Thiel, ein prominenter Unterstützer von Ex-US-Präsident Donald Trump. Der gebürtige Deutsche argumentierte mit schweren Geschützen auf der Bitcoin-Konferenz im April 2022 in Miami Beach. Ganz martialisch präsentierte er gar eine „Feindesliste" des Bitcoins. Ganz oben: Warren Buffett, gefolgt von anderen einflussreichen Finanzmanagern, die Thiel als Teil einer „Finanzgerontokratie" titulierte, die sich einer „revolutionären Jugend" entgegenstellten und den Wert der Kryptowährung Bitcoin absichtlich niedrig hielten.

Der Wertanstieg von Bitcoin in den vergangenen Jahren zeige, „dass die Zentralbanken bankrott sind". Das Ende des gegenwärtigen Geldsystems sei nahe – ein „revolutionärer Moment". Thiel glaubt, dass gerade in Zeiten hoher Inflation und zunehmender Regulierung der Bitcoin-Wert irgendwann gleichauf mit dem Wert aller börsennotierten Unternehmen liegen könne, den er zum damaligen Zeitpunkt auf 115 Billionen Dollar bezifferte. „Ihr könnt eine Menge Geld verdienen", stellte er den Krypto-Anhängern in Aussicht.

Vielleicht ist die Wahrheit zwischen den Extremen zu suchen.

Bitcoin-Jünger, sogenannte Bitcoin-Maximalisten, gehen davon aus, dass Bitcoin vor allem wegen seines begrenzten Angebots das Gold des digitalen Zeitalters wird (siehe „Hätten Sie's gewusst", S. 21). Sie betrachten Bitcoin als eine ultraharte Reservewährung, die es den Menschen ermöglicht, ihr Erspartes vor dem Zugriff von Staaten und dem Wirken der Teuerung zu sichern. Sie sehen sich in dieser Position gestärkt, seit die Inflation in den USA und der Eurozone stark zugenommen hat, ausgelöst durch die Corona-Pandemie und zuletzt den russischen Angriff auf die Ukraine im Februar 2022. Letzten Endes sehen die Anhänger von Bitcoin und Co. darin nicht mehr und nicht weniger als ein Instrument zur Erhaltung der persönlichen Freiheit.

Sie sehen schon: Die Diskussion weist des Öfteren religiöse Züge auf. Unversöhnlich prallen die zum Teil emotional aufgeladenen Einstellungen Pro oder Contra Kryptowerte aufeinander – als könne man wie bei einer Bekenntnisfrage entweder nur dafür oder dagegen sein.

Vielleicht verhält es sich aber wie so häufig so, dass beide Seiten stichhaltige Argumente liefern und die Wahrheit zwischen den Extremen zu suchen ist. Kryptowerte könnten jedenfalls das Potenzial haben, auf den Finanz- und Kapitalmärkten, aber auch in der Wirtschaft allgemein zu Veränderungen zu führen, die sich derzeit noch kaum absehen lassen. Wenn Sie überlegen, Geld in Kryptowerte zu stecken, sind Sie daher gut beraten, sich mit der Thematik in Ruhe auseinanderzusetzen. Nur dann können Sie für sich ausloten, was von den neuen Entwicklungen zu halten ist.

Was Sie in diesem Buch erfahren

In diesem Buch schauen wir uns die Chancen und Möglichkeiten, aber auch die Risiken und womöglich negativen Folgen von Kryptowerten genauer an. Zunächst erfahren Sie, was Bitcoin ausmacht und welche Technologie dahintersteckt – in einer Sprache, die den Anspruch hat, für jeden verständlich zu sein (siehe „Bitcoin-Basics", S. 22). Dann geht es darum, das heutige Krypto-Universum

HÄTTEN SIE'S GEWUSST?

Es dauert zwar noch etwa **bis ins Jahr 2140**, aber keinesfalls werden jemals mehr Bitcoins existieren als knapp 21 Millionen. Das sieht die unumstößliche Programmierung von Bitcoin vor.

Nachdem anfänglich eine größere Menge neuer Bitcoins auf den Markt kam, nimmt die Anzahl der neu erzeugten Bitcoins über die Jahre kontinuierlich ab.

Bisher wurden gut **19 Millionen Bitcoins** „geschürft", so der Fachausdruck. Aus dieser per Programmierung begrenzten Geldmenge erklärt sich der Ruf als mögliche Reservewährung und „digitales Gold" bei Bitcoin-Enthusiasten.

im Detail näher vorzustellen. („Blockchain-Technologie erklärt“, S. 40.)

Wir zeigen, unter welchen Voraussetzungen man hierzulande Geld in Kryptowerte stecken kann und was dabei zu beachten ist („Kryptowerte kaufen“, S. 103). Denn wie wir bereits gesehen haben, schwanken die Notierungen von Bitcoin, Ethereum, aber auch anderen Kryptowerten enorm und sind daher nichts für zartbesaitete Gemüter. Und wir wagen einen Ausblick in die Zukunft der digitalen Vermögenswerte. Denn mithilfe der Technologie, die dahintersteckt, erscheint es möglich, sich künftig an bisher schwer teilbaren physischen Vermögensgegenständen wie zum Beispiel Kunstwerken, Immobilien (siehe „Der dezentrale Kapitalmarkt der Zukunft“ ab S. 47), aber auch an Maschinen und mehr zu beteiligen.

Klar ist auch, dass die Kryptoadoption hierzulande noch am Anfang steht; die weitere Entwicklung dürfte eng damit zusammenhängen, wie sich die Marktwerte von Kryptowerten entwickeln, wie das Serviceangebot für Kryptokunden aussieht und ausgebaut wird. Es liegt auf der Hand, dass die Entwicklung weiter sehr dynamisch bleiben dürfte.

Bitcoin-Basics in Kürze erklärt

Bitcoin ist als das erste dezentrale elektronische Bezahlsystem gestartet. Welche Eigenschaften hat es, und wie funktioniert das Ganze? Hier finden Sie die wichtigsten Grundlagen erklärt.

Stellen Sie sich vor, Sie gehen zu einem Konzert Ihrer Lieblingsband. Die Band betritt die Bühne, Applaus brandet auf, und schon mit Erklingen des ersten Hits singen Sie und die anderen Zuschauer mit – nahezu synchron. Mal setzt Ihre Nebenperson kurz aus, mal setzen Sie kurz aus, aber rasch sind Sie wieder mit dabei, denn alle singen denselben Text, und wenn jemand mal einen Fehler macht und sich verhaspelt, kommt er ganz schnell wieder rein. Denn der Songtext ist sozusagen im kollektiven Gedächtnis der gesamten Fangemeinschaft gespeichert. Was das mit Bitcoin zu tun hat, fragen Sie sich? So ähnlich wie eine solche Fangemeinschaft funktioniert die Blockchain-Technologie, auf der nicht nur Bitcoin als erster Kryptowert, sondern auch die übrigen seither entstandenen Kryptowährungen aufbauen.

Gut zu wissen

Der Begriff Bitcoin bezeichnet zum einen das dezentrale Bitcoin-System, zum anderen aber auch die im Netzwerk geschaffenen Rechnungseinheiten (Englisch: Token) namens Bitcoin (BTC). Wir werden bei Bedarf im Kontext deutlich machen, ob wir vom Bitcoin-Netzwerk oder von dem Token (BTC) gleichen Namens sprechen. Für alle, die es noch genauer wissen wollen: Auf Bitcoins trifft nicht nur die allgemeine Bezeichnung „Token" zu, sondern auch der Begriff „Coin". Coins sind die „nativen" (echten) Token einer Blockchain. Bitcoins sind also die Coins des Bitcoin-Netzwerks.

Zugegeben, jetzt wird es ein wenig technischer. Wir stellen Ihnen hier zunächst in aller Kürze die wichtigsten Begriffe vor, die Sie im Zusammenhang mit Bitcoin gehört haben sollten. Das Besondere an Bitcoin ist, dass das Zahlungsnetzwerk ohne Zwischenschaltung eines zentralen Garanten, wie zum Beispiel einer Geschäftsbank oder auch einer Zentralbank, auskommt. Um im Bild des Konzerts zu bleiben: Es braucht die Band vorne auf der Bühne eigentlich gar nicht mehr, weil ohnehin alle Konzertteilnehmerinnen und -teilnehmer die Liedtexte kennen. Im Kern handelt es sich bei Bitcoin nämlich um eine rund um die Welt verteilte Software, mit deren Hilfe ein komplett dezentrales Register über Transaktionen oder Buchungen geführt wird.

Alle zehn Minuten ein neuer Block

Das Bitcoin-Buchungsregister (Englisch: Ledger) wird in regelmäßigen Abständen um weitere Einträge in Form von Buchungsblöcken (Englisch: Blocks) ergänzt. In den Blöcken enthalten sind jeweils viele einzelne Transaktionen. Die Blöcke kann man sich also wie Strophen eines Liedes mit einzelnen Zeilen vorstellen, nur dass das Bitcoin-„Lied" im Laufe der Zeit – anders als ein einmal fertig komponierter Song – immer mehr Strophen verzeichnet.

Die Buchungsblöcke reihen sich wie Perlen auf einer Schnur hintereinander und bilden eine immer länger werdende Kette von Buchungssätzen – daher die englische Bezeichnung Blockchain. Jeder neu geschaffene Block baut über einen Verschlüsselungsmechanismus auf dem vorangegangenen auf. Daher lassen sich einmal geschaffene und dann bestätigte Buchungsblöcke nachträglich nicht mehr abändern und bleiben in der Blockchain gespeichert. Alle zehn bis zwölf Minuten wird im Bitcoin-Netzwerk nach einem bestimmten Mechanismus ein neuer Buchungsblock erstellt – und dieser Block wird dann mit allen Netzwerkknoten geteilt. Warum das so lange dauert? Weil für das Erstellen des Buchungsblocks komplexe

Rechenaufgaben zu lösen sind und man dem Netzwerk die Zeit geben möchte, die neuen Informationen weltweit zu teilen. Auf jedem Knoten liegen dann dieselben Informationen – sprich der Songtext und die jeweils neue Strophe – vor. Die zehn Minuten sind der Takt des Bitcoin-Netzwerks.

Neue Bitcoin als Belohnung für korrekte Verbuchung

Neue Bitcoin-Münzen, wenn man etwas rein Digitales so bezeichnen will, fließen als Belohnung an die Teilnehmer des dezentralen Bitcoin-Netzwerks, die für die korrekte Verbuchung der einzelnen Blöcke sorgen – sozusagen an die Schreiber der neuen Strophen. Das Belohnungssystem ist so aufgebaut, dass die Schöpfer der neuen Strophen – das sind die sogenannten Bitcoin-Miner (mehr dazu siehe Grafik rechts und S. 42) – nur eine Auszahlung bekommen, wenn ihre eigene „Strophe" im Netzwerk weitergesungen wird. Andere singen ihre Strophe jedoch nur dann weiter, wenn sie als richtig verifizierbar ist. Dadurch wird gesichert, dass sich die Miner ehrlich verhalten. Denn es ist für sie lohnender, nach den Regeln des Systems zu arbeiten als dagegen.

Diese dezentrale Grundstruktur von Bitcoin hat seit 2008 Bestand und funktioniert seither weitestgehend reibungslos. Dadurch ist Bitcoin auch faszinierend: Das System läuft jahrelang, ohne angehalten worden zu sein. Das können wir von unseren PCs und Smartphones nicht behaupten. Das Konzept für Bitcoin gründet auf dem Internet und bringt neben der Blockchain-Technologie auch Erkenntnisse der Kryptografie und von digitalen Signaturen zusammen.

Entscheidend für das Funktionieren ist vor allem der festgelegte Konsens-Mechanismus. Dieser Abstimmungsmechanismus regelt, auf welche Weise Buchungen im Netzwerk allgemein akzeptiert werden. Ist ein neuer Buchungsblock bestätigt, wird er im Netzwerk verteilt und ist allgemein anerkannt. Das sorgt für die Sicherheit von Transaktionen.

Die wichtigsten Bausteine und Elemente von Bitcoin finden Sie in Kapitel „In Bewegung: Kryptowerte und Blockchain" ab S. 33 mehr im Detail erläutert. An dieser Stelle soll der Hinweis genügen, dass nur das Zusammenspiel der einzelnen Elemente es möglich macht, dass jederzeit transparent ist, welcher Nutzeradresse wie viele Bitcoins zugeordnet werden können.

Dezentral und weltumspannend

Derzeit ist Bitcoin ein vollständig dezentrales Netzwerk von rund 15 000 bekannten Rechnern, den sogenannten Nodes (siehe Grafik „Die Bitcoin-Blockchain", S. 43). Sie stehen überall auf der Welt verteilt, sind miteinander verbunden und synchronisieren sich gegenseitig.

Das Fehlen eines Machtzentrums ist etwas ganz Besonderes. Denn bei nahezu allen anderen Organisationen, die wir kennen, gibt es ein Machtzentrum: Firmen

Bitcoin einfach erklärt

Sandra, Jan, Leni, Anna und Paul besitzen Bitcoins.

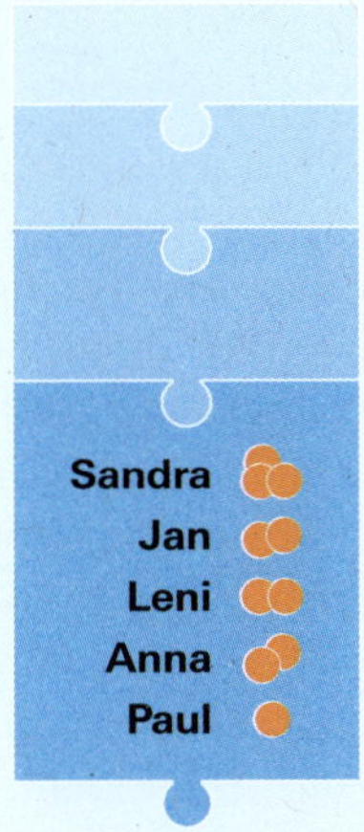

Die Blockchain ist auf mehreren Computern abgelegt. Die Teilnehmer, die Miner, bilden ein Netzwerk.

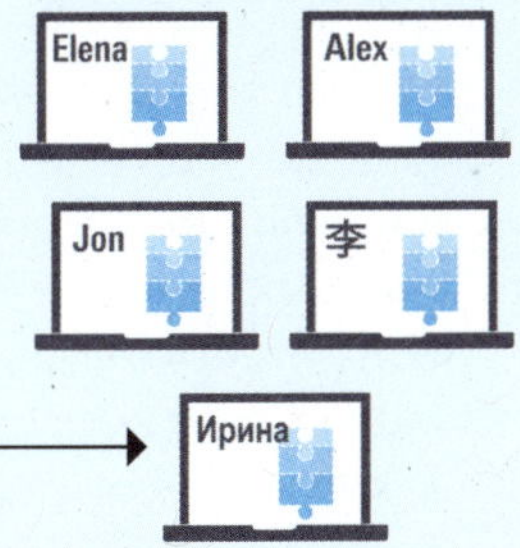

Alles, was Bitcoin angeht, ist in der Blockchain gespeichert. Man muss kein Miner sein, um Bitcoin zu besitzen.

Anna will von Paul 0,5 Bitcoin kaufen.

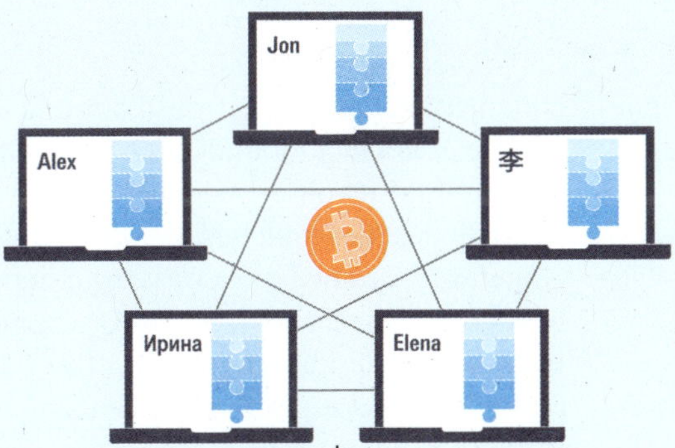

Das Netzwerk prüft, ob Paul so viele Bitcoins hat, und bestätigt dann den Kauf von Anna.

Dafür gibt es einen neuen Block. Die alten Informationen sind dort auch noch enthalten.

Die Miner fügen die neuen Käufe und Verkäufe der Blockchain hinzu. Dazu sind leistungsfähige Computer nötig. Nur die Miner, die am effizientesten sind, werden für ihre Arbeit bezahlt: in Bitcoin.

werden von der Geschäftsführung vertreten, Parteien von ihren Vorsitzenden, Vereine von ihrem Vorstand. Bei Bitcoin hingegen gibt es keine zentrale Instanz, keine Firmenzentrale, keine Teilnahmebeschränkungen oder Einzelpersonen, die maßgeblichen Einfluss darauf haben. Beim Bitcoin-Netzwerk steht nur die Technologie im Vordergrund. Und deshalb entzieht sich dieses Netzwerk dem Zugriff der Staaten oder anderer zentraler Autoritäten. Selbst wenn Bitcoin in einzelnen Staaten inzwischen verboten ist (so in China als prominentestes Beispiel), kann ein Staat allein das Netzwerk nicht abschalten, geschweige denn die darüber ausgetauschten Kryptowerte konfiszieren. Wer Bitcoin, aber auch andere dezentrale Kryptowährungen wie Ethereum ausbremsen wollte, wäre dazu genötigt, das gesamte Internet abzuschalten – was nach derzeitigem Stand unmöglich sein dürfte.

Große Spannbreite bei der Regulierung von Bitcoin

Das heißt aber nicht, dass die Personen, die Bitcoin nutzen oder das Netzwerk unterstützen, sich im rechtsfreien Raum bewegen. Sie selbst unterliegen – anders als das Netzwerk selbst – dem Recht und den Regeln, die auf dem Staatsgebiet gelten, auf dem sie leben. In Deutschland ist die Nutzung von Kryptowerten bereits reguliert: Bürgerinnen und Bürger dürfen sie kaufen und verkaufen und müssen Erträge daraus unter Umständen versteuern (mehr dazu siehe „Kryptopraxis und Steuern", S. 131), sie dürfen keine Geldwäsche und kriminellen Geschäfte damit betreiben – genauso wenig, wie sie Euro-Bargeld für solche Zwecke nutzen dürfen. So muss zum Beispiel hierzulande jeder bei der Registrierung an einem Handelsplatz seine Identität offenlegen. Vergleichbare Regeln, die in einem Rechtsstaat auch durchgesetzt werden können, gelten auch in anderen Ländern Europas und in Amerika – aber nicht in allen Ländern der Erde.

Eine weltweit einheitliche Regulierung von Kryptowährungen liegt noch in weiter Ferne. Die Spannbreite ist sehr groß: Während in China ein Komplettverbot von Bitcoin und anderen Kryptowerten existiert und zudem das Schürfen nicht erlaubt ist, haben 2021 zunächst der mittelamerikanische Staat El Salvador und im Frühjahr 2022 die Zentralafrikanische Republik Bitcoin als zusätzliches gesetzliches Zahlungsmittel eingeführt. Das bedeutet, dass es in diesen Ländern eine rechtliche Verpflichtung gibt, Bitcoin auch als Zahlungsmittel etwa beim Einkaufen zu akzeptieren. In allen anderen Ländern rund um den Globus ist das bisher nicht der Fall.

In unseren Nachbarländern existieren teilweise bereits erste Anwendungsmöglichkeiten: Im Schweizer Kanton Zug beispielsweise können Bürger die Gebühren bei der Gemeindeverwaltung oder die Steuern beim Finanzamt in Bitcoin bezahlen.

Die programmierte Entwicklung des Bitcoin-Angebots

Bitcoins werden seit Anfang 2009 nach einem von vornherein festgelegten Plan ausgegeben. Bis alle knapp 21 Millionen Bitcoin geschürft sind, dauert es zwar noch mehr als 100 Jahre, aber inzwischen sind bereits gut 19 Millionen auf dem Markt.

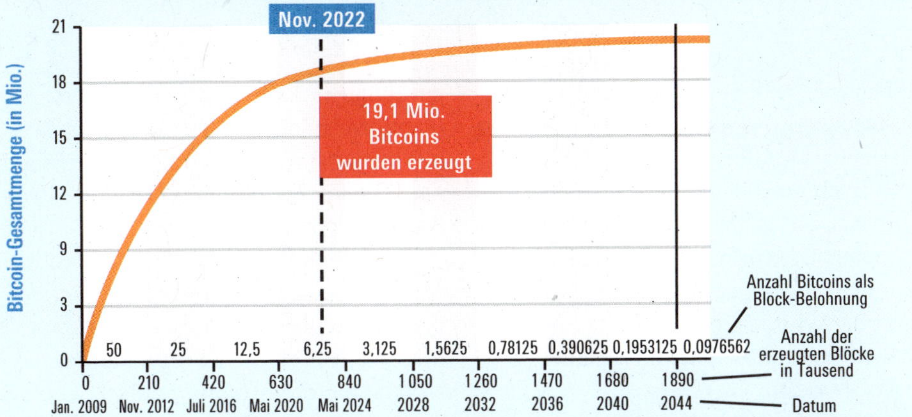

Quelle: bitcoin.org, Frankfurt School Blockchain Center

Ist Bitcoin digitales Gold?

Wie kann es sein, dass Bitcoin teilweise als Zahlungsmittel fungiert, wo Bitcoin gemessen in Euro oder US-Dollar doch so stark schwankt, werden Sie sich vielleicht fragen. Aus der Perspektive von Menschen, die in einem geordneten Staatswesen mit verlässlichen Institutionen und – zumindest bis vor Kurzem – geringer Inflation wie in Deutschland leben, mag der Schritt dieser Staaten zunächst nicht nachvollziehbar sein oder sogar verrückt erscheinen.

Doch genau darum geht es: um Stabilität. Denn Bitcoin soll in diesen krisengeschüttelten Ländern ein Versprechen darauf sein, für mehr wirtschaftliche Verlässlichkeit zu sorgen – und eine neue Art von finanzieller Infrastruktur bieten. Denn Geld gilt bekanntlich als das wichtigste Mess- und Informationssystem einer Volkswirtschaft: Nur längerfristig solides Geld ist die Grundlage dafür, dass Unternehmertum, Investitionen, Handel und Wachstum möglich werden und gedeihen können – und sich eine Gesellschaft frei entwickeln kann.

Bitcoin lässt sich daher auch als eine technische Institution begreifen, die man in etablierten Ländern mit verlässlichen und funktionierenden Banksystemen eigentlich nicht zwingend braucht. Aber in Ländern, in denen die Institutionen korrupt, instabil oder wie zuletzt in der Ukraine teilweise zerstört sind, könnte Bitcoin womöglich zu einer Ersatzinstitution werden, die den Menschen Zugriff auf finanzielle Werte ermöglicht. Ein Staat kann zum Beispiel Gold- oder Immobilienbesitz konfiszieren. Doch bei Bitcoin geht das nicht. Bitcoins existieren ausschließlich digital und man kann an sie rund um den Globus nur über sein eigenes Passwort, den sogenannten Private Key, herankommen. Solange man sein Passwort nicht verliert oder versehentlich preisgibt, sind Bitcoins vor dem Zugriff anderer geschützt.

Aber wie ist das mit Hackern? Das Bitcoin-Netzwerk selbst wurde zwar bisher nicht gehackt, aber die kurze Geschichte von Bitcoin wird begleitet von Hacks von Kryptohandelsplattformen oder auch Betrügereien. Das rückt das Thema Sicherheit besonders in den Fokus. Wie Sie Bitcoin-Bestände schützen, erfahren Sie im Detail auf S. 68 im Kapitel „Kriminelle Energie in der Kryptowelt“.

Dass Bitcoin seinen Fans als solides Geld und daher als Wertaufbewahrungsmittel gilt, liegt im Bitcoin-Protokoll und der Vorhersehbarkeit der Bitcoin-„Geldmenge“ begründet. Denn die Bitcoin-Token werden nach einem von vorneherein festgelegten Plan ausgegeben. Und der sorgt dafür, dass niemals mehr als knapp 21 Millionen Bitcoin auf den Markt kommen. Knapp 90 Prozent des Gesamtangebots an Bitcoin sind schon heute im Umlauf (siehe Chart zur Bitcoin-Dominanz auf S. 27).

Bei herkömmlichen staatlichen Währungen kontrollieren bekanntlich Zentralbanken die Geldmenge und können sie nach Bedarf anpassen und steuern. Wenn die Volkswirtschaften wachsen, kann auch die Geldmenge entsprechend ausgeweitet werden. Seit geraumer Zeit – noch verstärkt durch die Finanz- und Wirtschaftskrise und zuletzt den Corona-Schock – haben wichtige Zentralbanken wie die in den USA und die Europäische Zentralbank die Geldmengen sehr deutlich ausgeweitet. Viele sehen darin eine Gefahr für die langfristige Stabilität der jeweiligen staatlichen Währungen – und Bitcoin-Anhänger ein Argument für Bitcoin mit seiner starren Geldmenge. Darüber hinaus versprechen sie sich davon einen Schutz vor der Inflation.

Die derzeit hohe Teuerung von fast 8 Prozent in Deutschland und etwas über 8 Prozent in den USA (Stand: August 2022) infolge der durch die Corona-Pandemie gestörten Lieferketten und zuletzt auch wegen der Preissteigerungen für Energie, Weizen und andere Rohstoffe sowie Industrieprodukte spielt den Bitcoin-Fans argumentativ ebenfalls in die Hände. Inflation bedeutet, dass die Kaufkraft des Geldes sinkt: Es lassen sich für denselben Geldbetrag künftig weniger Waren kaufen, weil die Preise geklettert sind. Im ersten Halbjahr 2022 half dieses Argument dem Bitcoin-Kurs indes nicht weiter. Stattdessen war ein Ausverkauf aller risikotragenden Anlageklassen wie zuletzt während des Corona-Crashs zu beobachten.

Bei Bitcoin ist diese Ausweitung der „Geldmenge“ über den im Bitcoin-Protokoll fixierten Plan hinaus nicht möglich. Dieser Aspekt macht einen großen Teil der Anziehungskraft von Bitcoin aus – vor allem auch bei Menschen, die sich darum sorgen, dass ihr Erspartes in ihrer herkömmlichen Heimatwährung aufgrund von Inflation immer weniger wert sein könnte. In einigen Staaten, wie zum Beispiel in Südamerika, ist es seit Jahren üblich, dass die Menschen ihr Erspartes lieber

Gut zu wissen

Gold gilt aufgrund seiner besonderen Eigenschaften (praktisch nicht zerstörbar und sehr selten) bekanntlich als die älteste Währung der Menschheit. Warum das so ist, lässt sich unter anderem mit dem Stock-to-Flow-Ansatz erklären. Bei Gold lässt sich der jemals in der Menschheitsgeschichte geschaffene Bestand (Englisch: Stock) von aktuell (Frühjahr 2022) rund 205 238 Tonnen nicht ohne weiteres beliebig ausweiten, und die jährlich neu gefundene Menge (Englisch: Flow) trifft auf einen sehr großen Bestand. Folglich weist Gold – anders als etwa Silber oder Industriemetalle wie Palladium – ein besonders hohes Stock-to-Flow-Verhältnis auf. Es gilt als Gradmesser für die Härte eines Vermögensgegenstands.

Der Stock-to-Flow-Ansatz fand inzwischen Eingang in die Analyse von Bitcoin: Da das „natürliche Vorkommen" von Bitcoin auf 21 Millionen begrenzt ist und das Schürfen technisch sehr schwierig ist, kommen Jahr für Jahr nicht mehr viele neue Bitcoins hinzu. Daher gilt Bitcoin seinen Fans als digitales Gold.

in US-Dollar halten als in der eigenen, oft „weichen" Heimatwährung wie etwa dem Peso in Argentinien. Relativ zum Peso ist der US-Dollar härter. Der US-Dollar hat daher vielerorts auf der Erde die Rolle einer – wenn auch nicht immer offiziellen – Ersatzwährung, die viele Menschen zur Aufbewahrung und zum Transfer von Werten nutzen. Nun könnte der Bitcoin – zumindest in den Augen seiner Fans – einen Teil dieser Rolle langfristig übernehmen.

Woher speist sich der Vergleich mit Gold?

Bitcoinanhänger argumentieren, dass mit Bitcoin eine neue Art von Rohstoff entdeckt wurde – wenn auch keiner, den man anfassen kann wie Gold, Platin, Kupfer & Co. Vielmehr sei Bitcoin ein digitaler Rohstoff, hergestellt von Computern, der allerdings vergleichbare Eigenschaften wie Gold aufweise.

Wie kann das sein, werden Sie vielleicht fragen. Gold fungiert seit Jahrtausenden der Menschheitsgeschichte als Wertaufbewahrungsmittel, wie kann ein ausschließlich digitales Gut etwas Ähnliches bieten? Klar ist, Bitcoin kann man anders als Gold nicht zu einem ansehnlichen Schmuckstück schmieden. Gold funktioniert aber vor allem deshalb als Wertaufbewahrungsmittel, weil es ein knappes Gut ist, das in der Erdkruste nur selten vorkommt und entsprechend schwer beschafft werden kann – und weil viele Menschen Gold daher einen hohen Wert zusprechen, sprich an Gold als Wertaufbe-

Bitcoin ist der dominierende Kryptowert

Noch immer dominiert Bitcoin den Markt für Kryptowerte. Allerdings nimmt seine Bedeutung unter Schwankungen über die Jahre ab und lag zuletzt bei um die 40 Prozent.

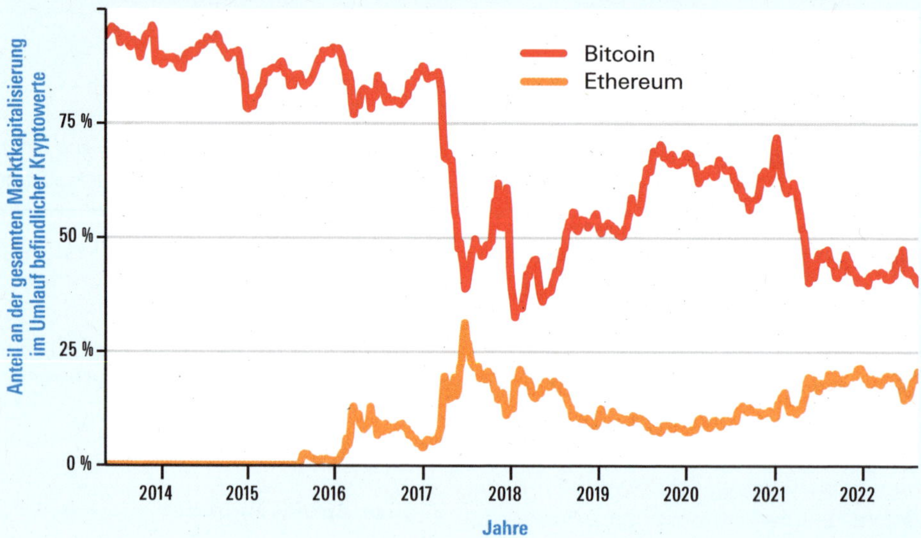

Quelle: coinmarketcap.com

wahrungsmittel glauben. Daher gibt es fast kein Risiko, dass Gold wertlos werden könnte. Das Gleiche könnte in den kommenden Jahrzehnten digitaler Entwicklung auch für den Bitcoin gelten, hoffen seine Anhänger.

Bekanntlich wird Gold von Arbeitern in Minen mithilfe von schwerem Gerät und unter Einsatz von Chemikalien und viel Energie gefördert. Eine Goldmine hat daher bestimmte Betriebskosten. Solange die Mine Gewinne erzielt, wird sie bereit sein, weiterhin Gold zu fördern und gegebenenfalls mehr in die Förderung zu investieren – so lange, bis das Ganze so aufwendig ist, dass es sich nicht mehr rechnet. Ob die Mine Gewinne erzielt, hängt auch entscheidend vom Marktwert von Gold ab, das am Weltmarkt zum jeweiligen Preis verkauft werden kann. Tatsächlich gibt es Parallelen zu Bitcoin: Das Bitcoin-„Vorkommen" ist begrenzt, neue Bitcoins können nur unter schwierigen Bedingungen erzeugt werden. Ähnlich wie bei Gold ist das sogenannte Stock-to-Flow-Verhältnis (siehe „Gut zu wissen" auf S. 29), das die Knappheit eines Gutes misst, besonders hoch – und dürfte bald sogar das von Gold noch übertreffen. Daher sprechen speziell die Anhänger von Bitcoin inzwischen auch lieber von einem Kryptoasset, also einem Kryptowert, als von einer Kryptowährung.

Allerdings ist der Preis von Bitcoin heute noch sehr stark schwankend und dürfte es auch noch eine Weile bleiben. Nach Schätzungen der Deutschen Bank werden Bitcoins mehrheitlich für Investitionen und Spekulationen verwendet. Wenige große Käufe oder Marktaustritte können Angebot und Nachfrage daher erheblich beeinflussen. Und darüber hinaus hängt der Marktwert von Bitcoin entscheidend davon ab, welchen Wert die Menschen ihm zusprechen und ob eventuell neue Alternativen entstehen, die interessanter erscheinen.

Ist Ethereum das digitale Öl?

Das Netzwerk Ethereum ist der Kryptowert mit dem zweitgrößten Marktwert. Am Chart „Bitcoin ist der dominierende Kryptowert", links, lässt sich ablesen, dass Bitcoin und Ethereum seit geraumer Zeit für rund 60 Prozent des gesamten Marktwerts aller gehandelten Kryptowerte stehen. Danach folgt erst einmal eine ganze Weile nichts.

→ Ethereum und Ether – wo ist der Unterschied?

2015 ging das Netzwerk namens Ethereum mit eigener Blockchain an den Start. Ether heißen die Token des Ethereum-Netzwerks, die für die Absicherung des Netzwerks neu ausgegeben und mit denen Transaktionen auf der Blockchain bezahlt werden.

Im Detail unterscheiden sich Bitcoin und Ethereum allerdings erheblich, wie wir noch genauer sehen werden. Anders als bei Bitcoin ist die Menge der Ether-Token, die über Ethereum geschaffen werden können, mengenmäßig nicht begrenzt. Dafür bietet die Blockchain des Ethereum-Netzwerks mehr Einsatzmöglichkeiten als die von Bitcoin. Anders als über Bitcoin lassen sich über Ethereum unter anderem Verträge transparent abschließen und verwalten (sogenannte Smart Contracts). Es dient zum Beispiel als Basis für viele weitere Token und Kryptowerte, ermöglicht dezentralisierte Finanzanwendungen (DeFi) und die Herausgabe von nicht-austauschbaren Token (Non-Fungible Token, kurz NFT). Ethereum könnte daher, ähnlich wie heute die App-Stores für das Smartphone, besonders von Netzwerkeffekten profitieren (siehe dazu „Ethereum ist vielfältig", S. 38) – getreu dem Motto: Je mehr Anwendungen es dafür gibt, desto erfolgreicher und wertvoller wird auch das Netzwerk.

Während Bitcoin von seinen Anhängern als „digitales Gold" bezeichnet wird, sehen viele Ethereum als das digitale Öl – also als Schmierstoff für ein neues Wirtschaftssystem. Das eine gilt nicht als Ersatz des anderen, sondern als seine Ergänzung. Anders als Bitcoin hat Ethereum allerdings Konkurrenz zu fürchten: Es gibt Dutzende Plattformen, die versuchen, Ethereum seine Position als „Branchenprimus" für Smart-Contract-Plattformen streitig zu machen.

Im Folgenden schauen wir uns Bitcoin, Ethereum & Co. genauer an – und beleuchten, was wichtige Kryptowerte ausmacht, wie sie sich genauer einteilen lassen und worin sie sich unterscheiden.

In Bewegung: Kryptowerte und Blockchain

Die Welt der Kryptowerte ist nicht starr: Zu etablierten Werten wie Bitcoin & Ethereum kommen ständig weitere hinzu, obendrein entstanden komplett neue Anwendungsbereiche. Hier gibt es einen Überblick und eine Einordnung.

Die junge Familie der Kryptowerte wächst kontinuierlich und verändert sich. Neue Familienmitglieder kommen hinzu, die teils den Geschwistern ähneln, aber teils vom Typ her ganz anders sind. Seit der Erfindung von Bitcoin sind nicht nur massenhaft neue Kryptowerte entstanden, sondern auch ganz neue Einsatzmöglichkeiten, die – wie Geschwister – unterschiedliche Stärken und Schwächen haben. Und schwarze Schafe gibt es auch.

In einer dezentralen Finanzwelt (Decentralized Finance, kurz DeFi) gibt es nicht nur Kryptowerte wie Bitcoin, sondern auch Smart Contracts (intelligente Verträge), Non-Fungible Token (NFT, „nicht austauschbare Token"), Stablecoins und mehr. Doch wie ist das alles einzuordnen? In diesem Kapitel geht es um das Beziehungsgeflecht in der Großfamilie Krypto. Wir erläutern, was hinter den einzelnen Kryptobereichen steckt, was ihr Zweck ist und wofür sie verwendet werden. Ganz egal, ob Sie den Bereich verstehen, Bitcoin kaufen oder beim Small Talk glänzen wollen, hier erhalten Sie den Überblick.

Und wir erklären die Funktion von Blockchains – wohl wissend, dass die meisten von uns das Internet nutzen und E-Mails versenden, ohne die Technik des World Wide Web im Detail zu verstehen. Die Blockchain-Technologie ist noch relativ jung und hat ihre eigene Terminologie. Es hilft, die wichtigsten Fachbegriffe zu kennen. Schließlich begegnet man ihnen in den unterschiedlichsten Zusammenhängen, sobald man sich mit Kryptowerten beschäftigt. Daher erklären wir auch Begriffe wie Proof-of-Work, Proof-of-Stake, Mining und viele mehr.

Trotz der jungen Geschichte des Marktes ist klar: Nicht alles davon hat Zukunft, und in einigen Bereichen des Kryptomarktes tummeln sich zudem viele Betrüger. Das ist nicht überraschend, sondern typisch für neue Marktsegmente, in denen sich viele erst wenig auskennen: Abzocker haben es leicht, an Geld zu kommen, sie versprechen unerfahrenen Kunden und Kundinnen schnelle und hohe Gewinne. Nach der Lektüre dieses Buchs sind Sie gewappnet, Sie kennen die Gefahren, die Vor- und Nachteile der einzelnen Bereiche und wissen, worauf Sie den Fokus richten sollten und wo Risiken lauern.

Die Kryptowelt im Überblick

Die Finanzwelt, die auf der Blockchain-Technologie basiert, kennt nicht nur Assets wie Bitcoin. Hier geben wir einen Überblick, was in der dezentralisierten Finanzwelt möglich ist.

Plötzlich reden alle von Bitcoin, Ethereum, NFT & Co. Es scheint fast, als sei hier über Nacht eine neue Welt entstanden. Aber ganz so war es nicht, Bitcoin profitierte von einigen wichtigen Ideengebern, und nach dem Start von Bitcoin fanden viele Technikbegeisterte das Konzept so spannend, dass sie meist nicht nur selbst investierten, sondern – aufbauend auf dem Fundament – weitere Ideen entwickelten. Ihr Gedanke: Das Internet ebnete den Weg für eine digitale Kommunikation, warum sollte es also nicht auch eine digitale Finanzwelt geben? Forscher und Technikbegeisterte fanden über das World Wide Web Gleichgesinnte auf der ganzen Welt und konnten ohne großen Aufwand oder Hindernis ihre Ideen diskutieren.

So hat sich das Kryptouniversum bis heute entwickelt

Seit dem Start des Bitcoin kamen im Lauf der Jahre eine Reihe neuer Entwicklungen wie Smart Contracts hinzu, die neue Anwendungsmöglichkeiten für Kryptofans bieten.

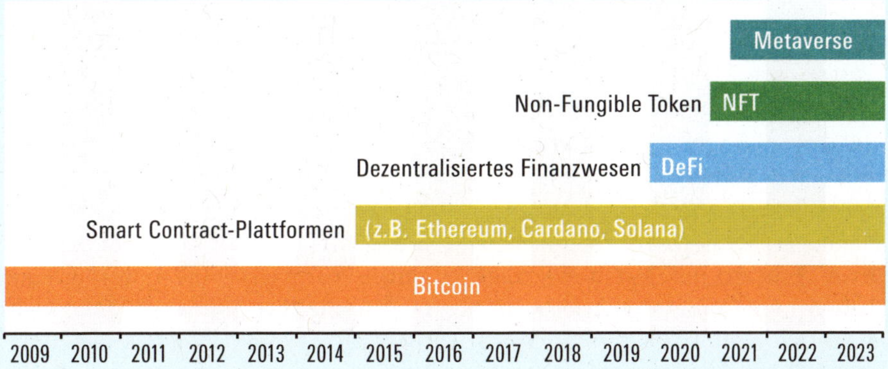

Quelle: Frankfurt School Blockchain Center (2022)

Vorläufer von Bitcoin

Ansätze, eine neue Währung ohne vermittelnde Institutionen wie Banken oder Zentralbanken zu schaffen, gab es schon lange vor Bitcoin. So existierte zum Beispiel um die Jahrtausendwende die virtuelle Währung Flooz, mit der Kundinnen und Kunden bei Internetkäufen belohnt wurden. Flooz ähnelte Bonuspunkten, die nur in der digitalen Welt, sprich beim Onlineshopping, bei den teilnehmenden Händlern eingelöst werden konnten – alles digital, versteht sich. Zuvor gab es bereits Entwicklungen wie zum Beispiel eCash, die man als Vorläufer von Bitcoin betrachtet, denn sie waren kryptografisch verschlüsselt. Im Gegensatz zu Bitcoin, bei dem die Kryptografie nur ein Teil des Konzepts ist, waren bei eCash aber auch Finanzinstitute mit von der Partie, sprich das System basierte nicht auf einem dezentralen Ansatz wie Bitcoin.

Bahnbrechend waren zwei weitere Entwicklungen: b-Money des Chinesen Wei Dai und das bit-gold-Protokoll von Nicholas Szabo, der später auch den Begriff „Smart Contracts" prägte – darüber erfahren Sie gleich mehr. Gelegentlich wird vermutet, dass Szabo der Erfinder von Bitcoin ist und sich hinter dem Namen Satoshi Nakamoto verbirgt. Dieses Geheimnis wird wohl nie gelüftet werden, bleiben wir daher bei den Fakten. Sowohl b-Money als auch das bit-gold-Protokoll endeten als Papiertiger, die Projekte wurden nie realisiert.

Sie waren jedoch wichtige Meilensteine, da sie bereits auf einem gemeinsam genutzten, aber verteilten Buchhaltungssystem basieren, genannt „Distributed Ledger". Sie erinnern sich vielleicht, wir hatten das im vorangegangenen Kapitel kurz angesprochen, darunter versteht man das auf die Marktteilnehmer verteilte Kassenbuch, in dem alle Transaktionen aufgezeichnet werden. Das Kassenbuch wird also nicht von einer zentralen Institution, sondern von den Marktteilnehmerinnen und -teilnehmern geführt. Daher werden Sie im Zusammenhang mit Kryptoanlagen immer mal wieder dem Ausdruck Distributed Ledger (DL) oder der Abkürzung DLT für Distributed-Ledger-Technologie begegnen. Sie ist ein wesentlicher Bestandteil von Kryptowährungen wie Bitcoin, Ethereum & Co. und essenziell für Smart Contracts (intelligente Verträge), auf die wir in diesem Kapitel noch näher eingehen.

Bitcoin gilt als Königsklasse

Bevor wir in den nächsten Abschnitten tiefer einsteigen, erst einmal ein Überblick über die diversen Angebote am Markt. Denn Krypto ist nicht gleich Krypto. Da gibt es den alles dominierenden Bitcoin als langfristiger Wertspeicher, er gilt als die Königsklasse der Kryptowerte und vieler weiterer Angebote daneben, die im Lauf der Jahre entwickelt wurden.

So manche Trendthemen wie ICO, sogenannte Initial Coin Offerings, wirkten wie eine gute Idee, wurden aber relativ schnell für zwielichtige Geschäfte eingesetzt und haben inzwischen eine geringere Bedeutung. Einen Hype gab es in den vergangenen Jahren auch bei NFT (Non-Fungible Token), die teils zu astronomischen Preisen gehandelt wurden. Auch hier hat sich der Markt bereinigt. Und vermutlich haben Sie auch vom Crash des Stablecoins Terra Luna im Frühjahr 2022 gelesen (mehr dazu unter „Krypto-Winter", S. 83). Kurzum lässt sich sagen, der Markt reguliert sich teils selbst. Manch einem mag das fast schon gnadenlos erscheinen, doch Angebote mit technischen Schwächen haben in diesem Markt langfristig keinen Bestand.

Bitcoin hingegen basiert auf einem soliden Konzept, der Bitcoin-Blockchain, die klar nachvollziehbaren Regeln folgt, die allenfalls marginal verändert werden können. Dazu ist die Zustimmung der Marktteilnehmer – genau gesagt: der Miner und der Node-Betreiber (siehe „Neue Bitcoin als Belohnung", S. 24) – erforderlich. Manipulationen eines Netzwerks sind theoretisch immer möglich. Doch Angriffe auf die Bitcoin-Blockchain sind mit so hohen Kosten verbunden, dass sich diese für Angreifer nicht auszahlen. Daher hat sich Bitcoin im Lauf der Jahre bewährt und ist längst nicht mehr nur eine Währung für Tech-Nerds.

Bis dato gibt es kein besseres Konzept, das es schafft, die Vorteile von Bitcoin als langfristiger Wertspeicher zu erhalten und die Nachteile, etwa der vergleichsweise langsamen Verarbeitungskapazität, komplett zu eliminieren. Wie schon erwähnt, kann natürlich heute niemand sagen, ob sich nicht eines Tages eine neue Idee als erfolgreicher erweist. Konkurrenz gibt es genug, doch momentan sieht es nicht so aus, als könnte ein anderer Kryptowert Bitcoin so schnell vom Thron stoßen.

Einsatzmöglichkeiten von Bitcoin

In erster Linie gilt Bitcoin als Wertspeicher. Investoren – vor allem professionelle – nutzen Bitcoin teilweise zur Diversifikation des Investmentrisikos im Portfolio. Bei Privat-

Ablauf einer Bitcoin-Transaktion

Bitcoin-Transaktion

Person A schickt Bitcoins bzw. BTC-Teilbetrag per Bitcoin-Wallet an die Person B. Diese Transaktion wird dem Bitcoin-Netzwerk gemeldet.

Bitcoin-Mining

Miner suchen neue Blöcke mit Transaktionen. Dafür erhalten sie eine Block-Belohnung und die Transaktionsgebühren.

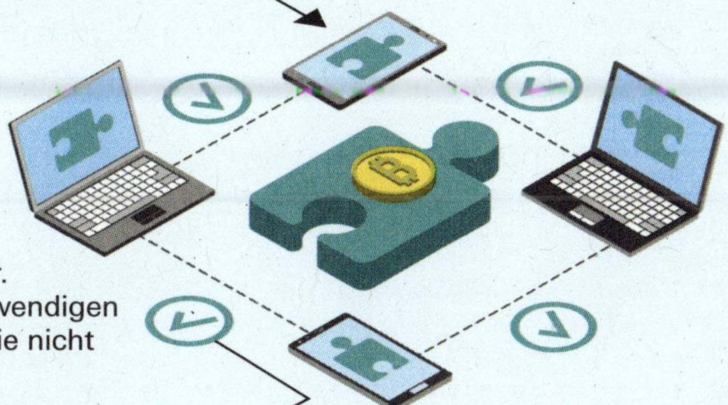

Bitcoin-Nodes

Nodes überprüfen die neuen Blöcke der Miner. Diese müssen regelkonform sein und alle notwendigen Informationen enthalten. Ansonsten werden sie nicht akzeptiert.

Bitcoin-Blockchain

Der korrekte Block wird der bestehenden Kette von Blöcken, der Blockchain, hinzugefügt. Der Block wird offiziell und damit auch die Transaktion.

Erfolgreiche Transaktion

Die Transaktion war erfolgreich. Sie ist nun Teil der Bitcoin-Blockchain. Person B hat die gewünschte Bitcoin-Menge erhalten.

Gut zu wissen

Altcoins ist die Abkürzung für Alternative Coins – zum Bitcoin. Anders gesagt: Altcoins sind alle Kryptowerte außer Bitcoin. Bitcoin ist der Name des Tokens, welcher auf der sogenannten Bitcoin-Blockchain läuft. Hier wird sowohl die Währung als auch die Blockchain Bitcoin genannt. Das ist bei vielen Kryptowerten anders. So heißt zum Beispiel die zweitgrößte Blockchain Ethereum, und die damit verbundenen Coins heißen Ether. Der Begriff Coin trifft bei Bitcoin oder Ether zu, aber nicht für alle Kryptowerte. Coins basieren nämlich auf einer eigenständigen Blockchain. Token arbeiten dagegen auf einer bereits bestehenden Blockchain, wie zum Beispiel Ethereum. Eine Blockchain hat daher nur einen Coin, kann aber viele Token haben. Einfachheitshalber wird oft nicht genau unterschieden, und alle Kryptowerte werden als Token bezeichnet.

anlegern hingegen steht häufig auch die Spekulation im Vordergrund. Natürlich wird Bitcoin auch für den Geldtransfer genutzt, von einer Person direkt zu einer anderen, ohne ein vermittelndes Institut wie eine Bank. Diese sogenannten Peer-to-Peer-Transaktionen sind aber primär nur grenzüberschreitend sowie für große Beträge sinnvoll, da Bitcoin-Transaktionen Geld kosten. Pizza oder eine Tasse Kaffee mit Bitcoin zu zahlen ist zwar möglich, lohnt aber in aller Regel nicht. Ein wesentlicher Aspekt darf nicht vergessen werden: In Ländern, in denen das Vertrauen in die eigene Währung schwach ist oder gänzlich fehlt, bietet Bitcoin eine Alternative zur Landeswährung.

Ethereum ist vielfältig

Ethereum erscheint stets wie der kleine Bruder von Bitcoin. Der tanzt allerdings auf vielen Hochzeiten, sprich er hat ganz andere Charakterzüge. Die „Geburt“ war eher langwierig: Im November 2013 stellte der Ethereum-Gründer Vitalik Buterin das Projekt vor, im Sommer 2014 konnten Interessierte 42 Tage lang Ether kaufen, die Blockchain startete aber erst Mitte 2015. Weil Ethereum eine andere Funktion hat, steht es nicht unbedingt im Wettbewerb zu Bitcoin. Viel eher dient Ethereum als Basis für andere Anwendungen und ergänzt so Bitcoin an Stellen, bei denen Bitcoin selbst keine hinreichend praktikable Lösung bietet.

Ether, der Coin der Ethereum-Blockchain, ist zwar wie der Bitcoin ein Wertspeicher, doch auf Ethereum basieren darüber hinaus viele Anwendungen aus dem Bereich Decentralized Finance (DeFi). Gleich mehr zu diesen Begriffen. Ferner dient Ethereum als Plattform für sogenannte Second-Layer-Token (siehe „Schichten der

Blockchain“, S. 53). Das ist grob vergleichbar mit einem App-Store, auf dem viele Apps mit den unterschiedlichsten Funktionen zur Verfügung stehen. Ein Thema, das wir im nächsten Abschnitt vertiefen.

Ein gravierender Unterschied zwischen Bitcoin und Ethereum ist die Blockchain, die dem jeweiligen Netzwerk zugrunde liegt. Der Softwarecode für Bitcoin und die Governance des Gesamtnetzwerks erlauben keine grundlegenden Veränderungen, sprich die Netzwerkteilnehmer können im Konsensmodus nur Feinheiten modifizieren. Dagegen sind bei Ethereum auch große Änderungen möglich.

„The Merge“ verändert Ethereum

Die größte fand im September 2022 statt: „The Merge“ wurde die Zusammenführung von zwei Blockchains (Ethereum und Beacon Chain) genannt. Ethereum basiert jetzt nicht mehr auf dem anfänglichen Proof-of-Work-Konzept, das auch Bitcoin zugrunde liegt und viel Energie verschlingt, sondern auf Proof-of-Stake. Hier vorab in Kürze, was sich dahinter verbirgt: Beide Verfahren dienen dazu, dass Buchungen in der jeweiligen Blockchain verzeichnet werden. Bei Ersterem (Proof-of-Work) ist der Nachweis zu erbringen, dass man die korrekte Lösung einer Rechenaufgabe als Erster hat, beim Proof-of-Stake-Verfahren muss man den Besitz von Kryptowerten nachweisen. Mehr zu den Verfahren und ihren Vor- und Nachteilen gibt es ab S. 42.

→ Mythos Geldwäsche & Betrug

Bitcoin öffnet Betrügern Tür und Tor, so eine weitverbreitete Meinung. Stimmt das? Fakt ist: An dem globalen dezentralen Netzwerk von Bitcoin kann jeder teilnehmen, es existiert keine zentrale Institution, die die persönlichen Daten der Teilnehmerinnen und Teilnehmer speichert, wie das bei den Banken üblich ist. So ist nicht offensichtlich, welche Person eine Transaktion tätigt, doch jeder Teilnehmer hinterlässt dabei einen digitalen Fingerabdruck. Über den öffentlichen Schlüssel, den sogenannten Public Key (siehe S. 42), lassen sich Transaktionen zurückverfolgen. Firmen wie Chainalysis haben sich darauf spezialisiert, Transaktionen offenzulegen, und Kriminologen oder Computerfachleute können daraus Rückschlüsse ziehen. Identifiziert werden illegale Teilnehmer meist, wenn sie Kryptowerte veräußern und in eine Fiat-Währung – zum Beispiel US-Dollar – tauschen. Bei diesem Versuch wurden 2022 Heather Morgan und Ilya Lichtenstein verhaftet. Das Betrügerpaar hatte 2016 von der Kryptobörse Bitfinex knapp 120 000 Bitcoin erbeutet. Der Wert der Bitcoins bei der Festnahme: 4,5 Milliarden US-Dollar. Geldwäsche ist im Kryptobereich wesentlich schwieriger als mit Bargeld.

Blockchain-Technologie erklärt

Blockchains können Transaktionen ohne eine zentrale Instanz abwickeln. Wie funktioniert das, und was unterscheidet die Bitcoin- und Ethereum-Blockchain?

Wer Geld anlegt, sollte nicht blind fremdem Rat folgen, sondern sich gut informieren. Dazu gehört bei relativ jungen Entwicklungen wie Bitcoin & Co. auch ein Blick auf die Technologie, die dahintersteckt – die Blockchain-Technologie. Wenn Sie sich weniger für die technischen Details interessieren, können Sie diese Ausführungen auch erst mal überspringen oder später lesen. Hier werden viele Fachausdrücke erklärt, denen Sie in der Kryptowelt immer wieder begegnen. Falls Sie nach der Lektüre noch tiefer in die Materie einsteigen oder selbst Bitcoin „minen" wollen, finden Sie im Hilfe-Abschnitt ab S. 148 eine kleine Übersicht mit Literaturempfehlungen.

Gleich vorab: Es gibt nicht nur eine einzige Blockchain, auf der alles basiert, sondern unzählige, die allesamt ihren eigenen Regeln folgen und ganz unterschiedlich funktionieren. Die Blockchain von Bitcoin gilt als besonders sicher, weshalb wir uns primär auf diese fokussieren. Sie erfahren aber auch mehr zu anderen Blockchains wie Ethereum, und was diese voneinander unterscheidet. Aber beginnen wir von vorn. Wir hatten es bereits kurz angesprochen: Eine Blockchain ist ein dezentrales Buchungssystem. Es ähnelt einem Kassenbuch oder einer Datenbank, in der Informationen gespeichert werden. Jede Transaktion wird registriert und – üblicherweise gemeinsam mit vielen anderen Transaktionen – in einem Block validiert und gespeichert. Wie der Name Blockchain andeutet, wird jeder neue Block mit dem letzten verknüpft, „chain" bedeutet Kette, „block" lässt sich mit „Abschnitt" übersetzen. In einem Block werden in der Regel viele Transaktionen gespeichert, oft bis zu ein paar Tausend.

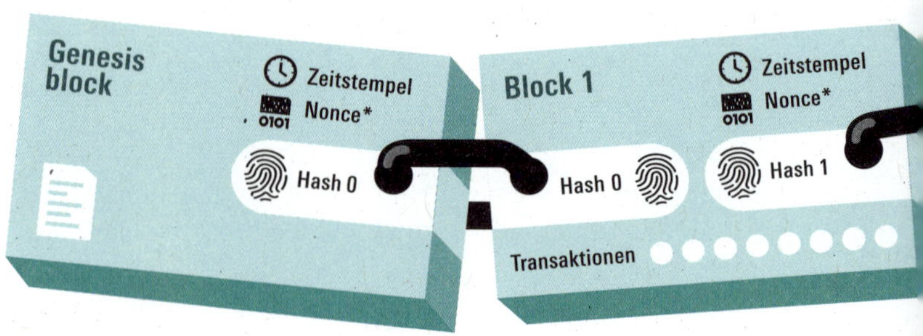

Kryptografisch verschlüsselt

Der Block transportiert die Informationen, bei Bitcoin zum Beispiel, wer an wen welche Summe transferiert, zudem den Hash und den Hash des vorangegangenen Blocks. Der englische Ausdruck „Hash“ bedeutet kleinhacken oder zerschneiden. Einfacher stellt man sich einen Hash wie einen individuellen Fingerabdruck vor, mit dem sich ein Block identifizieren lässt. Dabei generieren die Informationen aus einem Block diesen individuellen Fingerabdruck, sprich sie sind die Grundlage für den Hash des Blocks.

Ein Hash ist ein Element der Kryptografie und wird in der Blockchain eingesetzt, damit der Block nicht verändert werden kann. Blöcke lassen sich zwar mit ihrem individuellen Hash identifizieren, jedoch lässt sich vom Hash nicht auf den Inhalt des Blockes schließen. Um die Transaktionen zu verschlüsseln, wird ein Algorithmus verwendet. Bei der Bitcoin-Blockchain nennt sich dieser SHA256. Aufgabe des Hash ist es, einen beliebig langen Datensatz in eine feste Länge umzuwandeln. Sobald ein Block kreiert wird, wird der zugehörige Hash berechnet, in der Bitcoin-Blockchain umfasst dieser 64 Zeichen und kann zum Beispiel so aussehen: 8x80704015b27c5356a3dc442df1 8f468e76aeb8e8763f4dg43b4k513769a08d.

Um nun die Verknüpfung zum letzten Block herzustellen, wird der Hash mit dem Hash des vorangegangenen Blocks verknüpft. Und da jede Blockchain irgendwann startet und keinen Vorgänger hat, hat der allererste Block einer Blockchain einen eigenen Namen: Genesisblock.

Auf das Netzwerk verteilte Daten

Bitcoins dezentral geführte Buchführungsdatenbank ist öffentlich einsehbar. Das bedeutet allerdings nicht, dass man genau erkennen kann, dass Person A 2,50 Bitcoin an Person B überwiesen hat. Denn die

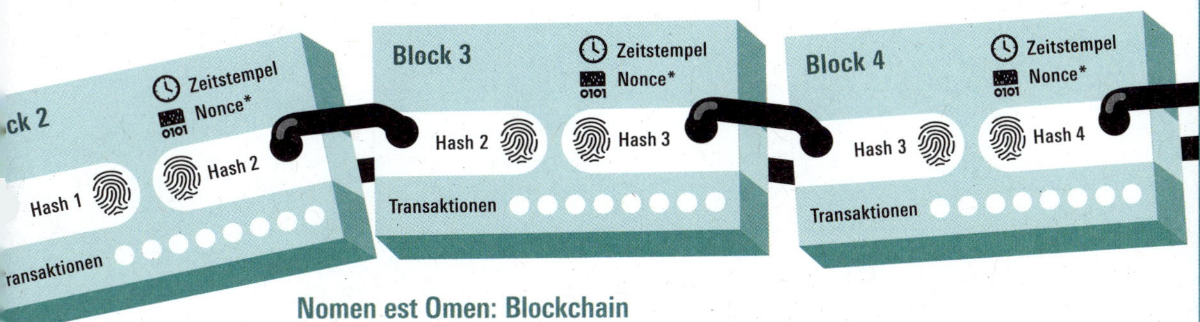

Nomen est Omen: Blockchain
In jedem neuen Block werden eine Reihe von Transaktionen gespeichert, mit einem Zeitstempel sowie einer *einmal verwendbaren Zufallszahl (Nonce) versehen und an den letzten Block angeknüpft. So entsteht eine lückenlose Kette (Englisch: chain).

Buchungssätze liegen nicht mit Klarnamen vor, sondern mit ihren öffentlichen Adressen (Public Keys) – so etwas wie der Iban in der derzeitigen Bankenwelt. Aber es ist prinzipiell nachvollziehbar, welchen Weg welcher bisher jemals vom Bitcoin-System geschaffene Coin bis heute im System zurückgelegt hat. Um einen Übertrag von digitalem Geld auszulösen, muss die übertragende Person allerdings die Überweisung mit ihrem privaten Schlüssel (Private Key) – so etwas wie die Pin oder ein Passwort im Online-Banking digital signieren.

Nur wenn der private Schlüssel zum öffentlichen Schlüssel dazugehört und passt, kann eine Transaktion ausgelöst werden. Weitere Sicherungsmechanismen verhindern, dass ein bereits existierender Bitcoin mehrfach ausgegeben werden kann. Da aber das Bitcoin-Kassenbuch nicht zentral geführt wird, sondern dezentral rund um den Globus auf mehr als 15 000 bekannten Netzwerkknoten gespeichert ist, wie weiß man nun, welche Buchungen in welcher Reihenfolge stattgefunden haben?

Das klappt, weil im gesamten Netzwerk ein Konsens über die Reihenfolge der gebuchten Transaktionen besteht. Jeder kann zwar leicht die Zahlungen im Bitcoin-Netzwerk überprüfen, aber Blöcke ins Buchungsverzeichnis eintragen kann man nicht so mir nichts, dir nichts. Dafür sorgt das Bitcoin-Konsens-Protokoll – es ist laut Deutscher Bundesbank (September 2021) die eigentliche Innovation von Bitcoin.

Und das funktioniert so: Das Eintragen neuer Transaktionen ins Register verursacht Kosten. Außerdem ist vorgegeben, dass neue Einträge auf älteren aufbauen müssen. Damit ein neuer Eintragungsblock, der viele einzelne einzutragende Transaktionen enthält, nun vom Netzwerk akzeptiert wird, müssen diejenigen, die ihn eintragen, ein schwieriges kryptografisches Rätsel lösen.

Dafür ist mittlerweile eine ziemlich große Rechnerleistung erforderlich, was eine Menge Strom kostet (zum Energieverbrauch siehe S. 64). Was zum Start von Bitcoin noch mit einem Heim-PC möglich war, lässt sich heute in der Regel nur noch mithilfe von vielen vernetzten, besonders leistungsfähigen Rechnern bewerkstelligen. Spezialisierte Netzwerkteilnehmerinnen und -teilnehmer, die sogenannten Miner (Deutsch: Minenarbeitende), übernehmen diese Aufgabe.

Proof-of-Work: Der Erste punktet

Die Analogie zum Bergbau ist hier Programm: So wie man beim Goldschürfen oder dem Abbau von Rohstoffen Kapital für Menschen und Maschinen einsetzen muss, um erfolgreich zu sein, muss man beim „Schürfen" von neuen Bitcoin-Münzen Rechnerleistung investieren. Denn die Teilnehmenden wetteifern um die Lösung des kryptografischen Rätsels – und wer genügend Rechnerleistung investiert und dann als Erster die Lösung präsentiert, darf den

Die Bitcoin-Blockchain – ein eigenständiges Netzwerk

Das Netzwerk ist auf der ganzen Welt verteilt, bei der Bitcoin-Blockchain umfasst es mehr als 15 000 bekannte Knotenpunkte, sogenannte Nodes.

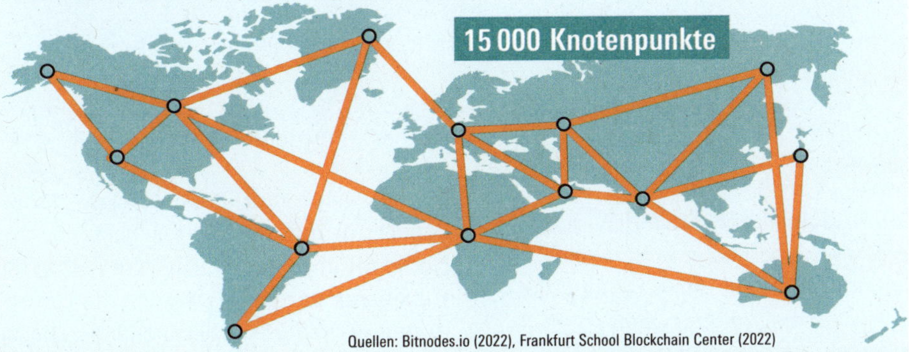

Quellen: Bitnodes.io (2022), Frankfurt School Blockchain Center (2022)

nächsten Buchungsblock eintragen und wird für seine „Arbeit" mit einer bestimmten Anzahl neu geschaffener Bitcoins belohnt. Das Nachweisprinzip für die geleistete Arbeit nennt sich Proof-of-Work.

Allerdings gibt es die Belohnung nur, wenn der neu geschaffene Block im Nachgang auch akzeptiert und daran „weitergeschrieben" wird. So haben die Miner – nicht zuletzt aus Eigeninteresse – einen Anreiz, das Netzwerk am Laufen zu halten und zu pflegen. Sie werden in Bitcoin bezahlt und wollen, dass diese an Wert zulegen.

Je mehr Rechenleistung bei der Lösung der Aufgabe zum Einsatz kommt, desto höher sind die Chancen, das Wettrennen zu gewinnen. Daher schließen sich viele Miner zu sogenannten Mining-Pools zusammen. Werden in einem Mining-Pool neue Coins kreiert, werden sie auf die Beteiligten verteilt. Bei Goldminen ist es ähnlich: Wer die meisten Ausgrabungsstätten und die meisten Ressourcen besitzt, hat die besten Chancen, am meisten Gold zu fördern. Ob dies jedoch profitabel ist, darüber entscheiden die Kosten und der erzielte Preis.

Begrenztes Volumen

Sie fragen sich nun vielleicht, warum es noch über 100 Jahre dauern wird, bis die letzten Bitcoins geschürft werden, man kann doch in leistungsfähigere Rechner investieren, um schneller voranzukommen? Dem schiebt das Bitcoin-Protokoll von 2008 einen Riegel vor. Denn es sieht vor, dass nur etwa alle zehn Minuten eine Lösung für das jeweilige kryptografische Rätsel zur Verlängerung der Blöcke gefunden werden kann. Um die Zeitspanne in etwa gleich lang zu lassen, wird die Schwierigkeit der Rätsel etwa alle zwei Wochen entweder nach oben oder nach unten angepasst. Je nachdem, ob mehr oder weniger Rechenpower zur Verfügung steht.

Außerdem gibt es einen genau festgelegten Ausgabeplan: Alle 210 000 Buchungsblöcke halbiert sich die Anzahl der neu ausgegebenen Bitcoins pro Buchungsblock. Seit Mitte 2020 sind es noch 6,25 Bitcoin pro Block – die nächste Halbierung (das sogenannte Halving) steht 2024 an. Daher ist von vornherein festgelegt, dass es etwa bis zum Jahr 2140 dauert, bis der letzte der

Gut zu wissen

Die Bitcoin-Blockchain basiert auf einem kryptografischen Verschlüsselungsverfahren, der Verteilung der Daten auf ein weitverzweigtes, dezentrales Netzwerk und dem sogenannten Proof-of-Work-Verfahren. Um neue Rechenblöcke für das gemeinsame Buchhaltungssystem zu erschaffen, stellen die Netzwerkteilnehmer Rechenleistung zur Verfügung. Diejenigen dürfen den nächsten Block an die Blockchain anhängen, die als Erste ein kryptografisches Puzzle lösen. Mit ihrem Einsatz, der Arbeit (work), erbringen sie den Nachweis (proof), dass sie die Aufgabe am schnellsten gelöst haben, daher der Begriff Proof-of-Work (PoW). Etwa alle zehn Minuten wird ein neuer Block erstellt, der mit allen Netzwerkknoten (Nodes) geteilt wird. Interessant ist, dass alle getätigten Buchungen in der Blockchain gespeichert und im Nachhinein nicht veränderbar sind. Das schützt vor Manipulationen. Denn um Veränderungen in einem Block vorzunehmen, müssten auch alle zurückliegenden Blöcke innerhalb dieser Zeit neu berechnet werden – und das ist bisher technisch unmöglich.

dann knapp 21 Millionen Bitcoins geschürft werden kann.

Jede Person kann Teil des Netzwerks werden. Dafür muss er oder sie sich nur eine Node mit der Bitcoin-Software darauf aufstellen. Auf den Nodes werden die Transaktionen verifiziert und gespeichert. Die Nodes bilden ein eigenständiges Netzwerk und nutzen das Internet zur Kommunikation.

Proof-of-Work und Proof-of-Stake

Der gravierende Unterschied zwischen verschiedenen Blockchains ist das Konzept, auf dem diese basieren. Was bei Bitcoin das Proof-of-Work-Verfahren (PoW) ist, ist bei der zweitgrößten Blockchain Ethereum das Verfahren Proof-of-Stake (PoS). Allerdings war das nicht immer so, Ethereum startete als Proof-of-Work-Konzept und begann 2020 die Umstellung auf Proof-of-Stake. Dieses Konzept funktioniert gänzlich anders als Proof-of-Work und benötigt viel weniger Energie als die aufwendigen Rechenverfahren der Bitcoin-Blockchain.

Für die Umstellung des Ethereum-Netzwerks, „The Merge“ genannt, startete Ende 2020 – parallel zum Hauptnetz von Ethereum – die sogenannte Beacon-Chain, die auf dem Proof-of-Stake-Verfahren basiert. Seit der Zusammenführung der beiden Blockchains im September 2022 werden Ether nur noch nach dem Proof-of-Stake-Verfahren geschaffen.

Was beim Proof-of-Work-Verfahren Mining genannt wird, heißt beim Proof-of-

Stake-Verfahren Forging (zu Deutsch: Schmieden) und bezeichnet das Schaffen neuer Blöcke in einem Blockchain-Protokoll. Bei Proof-of-Stake nutzen die Ersteller des nächsten Blocks auf der Blockchain (die sogenannten Forger oder auch Validatoren) ihre eigenen Kryptowerte als Einsatz (Stake). Oftmals leihen sie sich auch Token von anderen Marktteilnehmern, um ihre Chance zu erhöhen, als Forger des nächsten Blocks ausgewählt zu werden. Möglich wird dies über sogenannte Staking-Pools, wie sie etwa die Handelsplattformen Kraken oder Coinbase anbieten. Die Teilnehmer an einem Staking-Pool erhalten dafür von den Forgern eine Vergütung. Beim Staking werden die Token nicht übertragen, sondern gesperrt, sie können während dieser Zeit also nicht verkauft werden. Sie haben es sicher bemerkt: Jede Blockchain verwendet eigene Bezeichnungen, Ethereum-Forger „forgen" (schmieden) oder „minten" (prägen) einen Block, sie „minen" nicht, wie das bei der Bitcoin-Blockchain genannt wird.

Risiko von Attacken

Blockchains sind äußerst sensible Netzwerke. Die größte Gefahr stellen gezielte Attacken auf das System dar. Allein die mit den zehn nach Marktkapitalisierung größten Blockchain-Netzwerken verbundenen Kryptotoken haben einen Wert von rund 800 Milliarden US-Dollar. Das weckt Begehrlichkeiten. Es gibt verschiedene Angriffsziele und -typen, gegen die sich Blockchains

HÄTTEN SIE'S GEWUSST?

1989 erfand Tim Berners-Lee das **World Wide Web.** Sein Ziel war eine Plattform, auf der Wissenschaftler schnell und einfach Daten austauschen konnten. In den ersten 15 Jahren wurden die Informationen von zentralen Institutionen erstellt und verbreitet. Diese Phase wird auch Web 1.0 genannt.

Im Web 2.0 können die Nutzer Inhalte erstellen und mit anderen über soziale Medien wie Youtube, Tiktok und Facebook interagieren.

Wir sind nun im Wechsel zu **Web 3.0**, wo neue digitale Welten wie das Metaverse sowie dezentrale Plattformen und ganz neue Anwendungsmöglichkeiten entstehen. Das Web 3.0 ermöglicht Online-Transaktionen von Mensch zu Mensch (Peer-to-Peer), ohne vermittelnde Plattformen oder Institutionen einzuschalten.

Das Blockchain-Trilemma

Sicherheit, Dezentralität und Skalierbarkeit einer Blockchain funktionieren wie ein magisches Dreieck. Wird ein Faktor, zum Beispiel die Sicherheit, erhöht, hat das Auswirkungen auf Dezentralität und Skalierbarkeit.

schützen müssen. Das können zum Beispiel Denial-of-Service-Attacken (DoS) sein, die Netzwerke mit Anfragen fluten und lahmlegen oder 51-%-Attacken, die als die größte Schwachstelle des Proof-of-Work-Konzepts gelten. Sollte nämlich einer oder mehrere Miner soviel Rechenleistung aufbringen, dass sie die Kontrolle über das Netzwerk erhalten, könnten sie die Historie einer Blockchain ändern und so Gelder abschöpfen. Im Kern geht es daher immer um den Einsatz der Rechenleistung

Aber kein Angriff wird geschenkt: Jeder Versuch, die Blockchain zu manipulieren, ist mit erheblichen Kosten verbunden, die den Ertrag eines erfolgreichen Angriffs übersteigen. Das Bitcoin-Netzwerk berechnete im Mai 2022 mehr als 200 Millionen Terra-Hash-Operationen pro Sekunde (TH/s), anders ausgedrückt sind das pro Sekunde 200 000 000 000 000 000 000 Rechenoperationen.

Vermutlich kann kein Staat eine so hohe Rechenleistung in Verbindung mit dem erforderlichen Stromverbrauch aufbringen. Und sollte dies doch möglich sein, könnte ein Angriff das Netzwerk nur für einige Minuten oder gar Stunden destabilisieren. Danach läuft es einfach weiter, auch wenn dann für einige Zeit das Vertrauen in die Technologie beschädigt sein dürfte.

Blockchain-Trilemma

Konsens-Algorithmen setzen die im Protokoll festgelegten Regeln durch und sorgen somit nicht nur für Sicherheit, sondern auch für Effizienz mit dem gleichzeitigen Ziel, die Zahl der Netzwerkknoten zwecks Dezentralisierung möglichst zu maximieren. Daraus leitet sich die Trias einer jeden Blockchain-Architektur ab: Sicherheit, Skalierbarkeit und Dezentralität. Zusammen bilden sie die als Blockchain-Trilemma (siehe Grafik) bekannte Zwickmühle, denn eine Blockchain kann nicht alle drei Anforderungen optimal erfüllen.

Eine Erhöhung von Sicherheit und Skalierbarkeit beispielsweise, also der Fähigkeit, einen hohen Durchsatz an Transaktionen zu verarbeiten, gelingt nur in Systemen mit wenigen Akteuren – hat also unweigerlich eine geringere Dezentralität zur Folge. Umgekehrt führt die Konsensverteilung auf möglichst viele Netzwerkteilnehmer und -teilnehmerinnen mit einer hohen Skalierbarkeit zu Abstrichen bei der Sicherheit.

Das Ziel eines Konsens-Algorithmus besteht in der bestmöglichen Kalibrierung der drei Eigenschaften, denn den perfekten Algorithmus gibt es nicht. Konsensverfahren sind immer Kompromisslösungen, die sich dem hauptsächlichen Verwendungszweck einer Blockchain unterordnen.

Welcher Algorithmus verwendet wird, hängt von der primären Funktion des Netzwerks ab. Die Bitcoin-Blockchain zeichnet sich durch einen hohen Grad an Sicherheit und Dezentralität aus, hat dafür aber eine vergleichsweise niedrige Skalierbarkeit. So verarbeitet Bitcoin etwa sieben Transaktionen pro Sekunde, Ethereum erreicht ein Vielfaches davon.

Um die Leistung hochzukurbeln, sind Blockchains auf entsprechende Hilfslösungen, sogenannte Second-Layer-Lösungen, die Transaktionen auf eine „zweite Schicht" auslagern, angewiesen. Andere Blockchains wiederum sind auf Skalierbarkeit und Dezentralität fokussiert, nehmen dafür aber ein geringeres Maß an Sicherheit in Kauf.

Der dezentrale Kapitalmarkt der Zukunft

Neben den etablierten Banken entsteht im Web 3.0 derzeit eine ganz andere Finanzwelt. Hier sind Geschäfte ohne zentrale Institutionen möglich.

Warum Gebühren an die Bank bezahlen, wenn es auch ohne geht? Oder Geld an Freunde schicken ohne Bank oder einen Finanzdienstleister wie Paypal, bei dem wir stets unsere persönlichen Daten hinterlassen?

Decentralized Finance, kurz DeFi, macht es möglich. Der Name deutet schon an, worum es geht, ein globales dezentrales Finanzsystem. Es versucht die Funktionen des Kapitalmarktes auf internationaler Ebene nachzubauen – und das kommt dem Konzept nach ohne Vermittler und übergeordnete Institutionen wie die Zentralbanken aus, die den Geldfluss steuern oder unsere Daten kontrollieren.

Zugegeben, an den Gedanken einer dezentralen Finanzwelt muss man sich erst gewöhnen und sich mit den neuen Konzepten vertraut machen. DeFi funktioniert nun mal nicht nach den uns bekannten Regeln. In dieser Welt erscheint vieles ungewöhnlich und neu, was vor allem daran liegt, dass wir uns längst an eine Welt von zentralen Institutionen mit Datensilos gewöhnt haben. Viele Ansätze dürften Ihnen aber auch bekannt vorkommen, sie werden in der DeFi-Welt nur anders umgesetzt.

Verboten oder erlaubt?

Zugang zu diesem transparenten, offenen und weltweit funktionierenden Finanzsystem haben alle Menschen, genauso wie zu Bitcoin & Co. – es sei denn, die lokalen Regierungen untersagen ihren Bürgerinnen und Bürgern Kryptogeschäfte. In Deutschland sind sie erlaubt, denn es handelt sich um private Verträge zwischen zwei Parteien. Der Gesetzgeber regelt hingegen Geschäfte, die mit Institutionen getätigt werden, also den Anbietern von Produkten wie Emittenten oder Vermittlern. Wenn Sie im Freundeskreis Geld verleihen oder sich leihen, greift die Regulatorik nicht.

Ein Kredit im dezentralen System würde so aussehen: Sie hinterlegen als Sicherheit Kryptowerte, zum Beispiel Bitcoin, und erhalten dafür einen Kreditbetrag ausbezahlt. Die Konditionen für den Kredit sind dabei in einem sogenannten Smart Contract klar geregelt, dazu gleich mehr.

Damit der Kredit nicht gefährdet ist, muss als Sicherheit ein höherer Wert in Kryptowerten hinterlegt werden, als geliehen wird. Auch dafür gibt es einen Fachausdruck: Over-Collateralization, zu Deutsch Über-Besicherung. Das Prinzip ist bekannt, auch Banken verlangen bei einem Immobilienkredit Sicherheiten, die den Wert der Kreditsumme übersteigen. Sinkt der Wert der Kryptotoken, müssen weitere Sicherheiten hinterlegt werden. Sie sehen schon, die DeFi-Welt hat ihr eigenes Vokabular, genauso wie der Aktien- oder Immobilienmarkt. Der Unterschied ist nur, dass der Markt neu und kaum bekannt ist.

Finanzdienstleistungen gibt es nicht überall. Weltweit haben mehr als eine Milliarde Bürger keinen Zugang zu einem Konto, über das sie Finanzgeschäfte tätigen können, so der „World Development Report 2022" der Weltbank. In den Emerging Markets, also den aufstrebenden Schwellenländern, tätigen vor allem Menschen mit niedrigen Einkommen häufig Finanzgeschäfte über informelle Kanäle.

DeFi basiert auf Smart Contracts

Hinter DeFi stecken Smart Contracts – übersetzt: intelligente Verträge. Genau genommen sind es Programmroutinen, die Zahlungsflüsse steuern. Die Prozesse laufen also automatisiert ab.

Ein Beispiel: Sie wollen ein Auto leasen. Dazu schließen Sie im Regelfall mit einem Autohaus einen Leasingvertrag. Der Fahrzeughändler wiederum schließt mit dem Hersteller einen Kaufvertrag über das Fahrzeug und mit einer Leasingfirma einen Leasingvertrag. Anstatt mehrerer Verträge, die hin- und herwandern, was meist mehrere Tage oder gar Wochen dauert, könnte das Geschäft schneller und unkompliziert über einen Smart Contract abgewickelt werden, in dem die Konditionen standardisiert sind. Damit läuft alles automatisiert ab – sowohl die Bestellung beim Fahrzeughersteller, als auch der Vertragsabschluss mit der Leasinggesellschaft und die Bezahlung, alles per Mausklick auf dem Computer. Dokumentiert wird das Geschäft in einer Blockchain.

In vielen Bereichen – auch im Leasinggeschäft – sind Smart Contracts noch Zukunftsmusik. Primär werden sie bis dato im Finanzsektor eingesetzt, so zum Beispiel für Zinszahlungen, Handel von Vermögenswerten et cetera. Das Konzept von Smart Contracts kann aber künftig in vielen Bereichen angewandt werden: Kaufverträge für Immobilien, Grundbucheinträge, Warenbestellungen und einiges mehr lassen sich prinzipiell einfach automatisieren.

HÄTTEN SIE'S GEWUSST?

DAO steht für **Dezentrale Autonome Organisation**. Während wir es im Alltag üblicherweise mit zentralen Organisationen, zum Beispiel Unternehmen oder Behörden, zu tun haben, gibt es in der Kryptowelt viele dezentrale Organisationen.

Eine DAO funktioniert autonom, ganz ohne hierarchisches Management.

Ihre Regeln sind in einem **Konsens-Protokoll** festgeschrieben, daher können sie nur im Konsens geändert werden. Jedes DAO-Mitglied kann Vorschläge für Änderungen einreichen, die Gemeinschaft stimmt darüber – getreu den Protokollregeln – ab.

Der Code ist das Gesetz

Im Gegensatz zu einem zentralen Register eines Anbieters – einem Unternehmen wie dem Fahrzeughändler, einer Bank oder Versicherung –, das im Internetzeitalter auch ein Sicherheitsrisiko darstellen kann, werden die Daten bei DeFi dezentral gespeichert. Kredit- oder Sparverträge folgen einer festen Systematik. In der täglichen Praxis bei den Banken werden Namen, Zinssatz und eventuell die Laufzeit geändert und viel Papier hin- und hergeschoben. Der Aufwand lässt sich erheblich reduzieren. Bei DeFi ist der Softwarecode das Gesetz. Alle wichtigen Vertragspunkte folgen standardisierten Regeln, bei einem Kredit beispielsweise sind der Zinssatz, Zeitpunkt der Zinszahlung und die Rückzahlung sowie die Sicherheit, die dafür hinterlegt werden muss, darin festgeschrieben.

Anders als bei einer Bank, die die Bonität der Schuldner prüft, entfällt dies in der dezentralisierten Finanzwelt, da Sicherheiten klar geregelt sind und oft auch für alle Teilnehmenden gleich sind. Alles wird in einem Smart Contract festgelegt und folgt den vorgegebenen Regeln, jeder kann den Softwarecode nachlesen und kennt die Details. Das Spannende ist, nicht Firmen bestimmen die Regeln, sondern Protokolle, sie sind dezentral und können nicht angehalten werden. Von den Nutzern erfordert dies jedoch auch eine gewisse Kenntnis der Materie. Wer zum Beispiel den Code falsch liest oder nicht genau versteht, hat ein Problem.

→ Woher stammt der Begriff Smart Contracts?

Den Begriff Smart Contract prägte der Jurist, Kryptografie- und Computerwissenschaftler Nick Szabo Mitte der 1990er-Jahre, also lange bevor Bitcoin auf den Markt kam. Er erklärte den Begriff anschaulich anhand eines Automaten, in den man Geld reinsteckt und Kaffee, Wasser oder Kaugummi herauskommt. Denn die Maschine erfüllt die Aufgabe, vorausgesetzt der eingeworfene Betrag stimmt. Der Smart Contract ist eine Programmroutine und erfüllt – wie ein Automat – die vorgegebenen Anweisungen.

Vielfältige dApps

So wie im App-Store auf dem Mobiltelefon eine eigene App für Musik, für Podcasts, E-Mails, Wetter, et cetera existieren, werden Smart Contracts in dezentralisierten Applikationen, sogenannten dApps, gespeichert. Anbieter von dApps gibt es für die verschiedensten Bereiche, zum Beispiel für die Kreditvergabe, den Tausch von Token, Trading, Zahlungen, Versicherungen oder dezentrale Börsen für den Handel von Kryptowerten. Es existieren aber auch Anwendungen außerhalb des Finanzbereichs. Beispiele sind Spiele oder soziale Medien.

DApps können sowohl eine eigene Blockchain haben als auch auf einer anderen

Blockchain basieren. Das größte Angebot an dApps basiert auf Ethereum. DApps erhöhen die Attraktivität der Blockchain, denn je mehr dApps in einem Universum angeboten werden, desto bedeutender ist das Ökosystem. Man spricht von positiven Netzwerkeffekten. Ähnlich wie im App-Store von Apple gilt: Ein großes App-Angebot macht das System attraktiv.

Dezentrale Börsen

Genau wie Aktien werden auch Kryptowerte an Börsen gehandelt. Aktienbörsen werden von einem Börsenbetreiber gesteuert, zum Beispiel der Deutschen Börse AG. Für den Handel von Kryptowerten existieren ebenfalls zentrale Handelsplätze wie Coinbase, Binance oder Kraken, die von gewinnorientierten Unternehmen betrieben werden. Dezentrale Börsen (DEX) haben dagegen keine Dachorganisation, die Ertragsziele und Regeln vorgibt. Sie sind dezentrale autonome Organisationen (DAO). Die größte dezentrale Börse ist Uniswap, gefolgt von dYdX. Im Gegensatz zu den zentralen Börsen finden die Nutzerinnen und Nutzer auf den Webseiten meist keine großen Serviceangebote, sondern eine schlichte Eingabemaske, in die sie ihren Handelswunsch eintragen können. Die Regeln für die Seiten legt üblicherweise die Community fest, die Stimmrechte werden über Token vergeben. Weitere große DAOs sind die Kreditvergabe- und -leiheplattformen Aave, MakerDAO und Compound.

HÄTTEN SIE'S GEWUSST?

DeFi entwickelt sich **rasant.** Im August 2022 waren darin rund 50 Milliarden US-Dollar investiert. Unter den mehr als 500 gehandelten Token sind aktuell Dai (DAI), Avalanche (AVAX) und Wrapped Bitcoin (WBTC) die bedeutendsten.

In den wesentlich häufiger in den Medien genannten NFT (Non-Fungible Token) steckten dagegen nur gut 18 Milliarden US-Dollar. Zu den bekanntesten zählen ApeCoin, Decentraland und The Sandbox.

Die Marktanteile verschieben sich häufig. Insgesamt sind in Kryptowerten gut eine Billion US-Dollar investiert.

Who is who? Von Stablecoins über NFT und ICO

Hier geht es um eine grundsätzliche Einordnung, zudem erfahren Sie hier Wichtiges zu den bedeutendsten Kryptowerten.

Als Bitcoin-Pizza-Day ging der Kauf von zwei Pizzen für 10 000 Bitcoin in die Geschichte ein – das war am 22. Mai 2010. Es war ein einträgliches Geschäft für den Vermittler, der eingeschaltet werden musste, da kein Pizzabäcker in der Nähe des pizzahungrigen Laszlo Hanyecz Bitcoin akzeptierte. Ein Brite half ihm aus, er orderte zwei Pizzen für 25 US-Dollar und erhielt dafür 10 000 Bitcoins, die zu jener Zeit 41 US-Dollar wert waren. 22 Jahre später sind besagte 10 000 Bitcoin rund 225 Millionen Euro wert. Sie ahnen es vermutlich, Bitcoin ist kein gutes Zahlungsmittel.

Stablecoins

Bitcoin ist für Zahlungen im Alltagsleben also nicht die beste Wahl, denn er eignet sich aufgrund seiner Kursschwankungen nicht. Dafür existiert längst ein neues Instrument: Stablecoins, die eine wichtige Rolle im DeFi-Bereich spielen, haben die primäre Aufgabe, ihren Wert „sicher" zu erhalten. Jetzt werden Sie vielleicht denken, die waren doch im Frühjahr 2022 in Verruf geraten und haben an Wert verloren? Richtig, aber Stablecoin ist nicht gleich Stablecoin. Sie heißen so, weil sie sich vom Konzept her genau wie die zugrunde liegende Währung verhalten sollen. Dabei ist die Rede vom Peg (zu Deutsch: Koppelung), einem festen Wechselkurs.

In der Theorie bildet ein US-Dollar-Stablecoin daher einen „echten" US-Dollar ab. Das funktioniert in der Praxis aber nicht immer, denn der Wert eines Krypto-Tokens spiegelt auch das Vertrauen in den Token wider. Dabei gilt: Je sicherer das Asset, desto größer das Vertrauen. Steht also hinter dem Stablecoin kein realer Wert, sind die Käuferinnen und Käufer nicht bereit, so viel Geld dafür zu bezahlen wie für einen Stablecoin, der mit US-Dollar oder US-Staatsanleihen vollständig besichert ist. Stablecoins lassen sich grob in drei Kategorien einteilen:

1. **Off-chain-besicherte Stablecoins.** Der Begriff „Außerhalb der Blockchain" deutet es an: Hier dienen Werte außerhalb des Kryptosystems als Sicherheiten, so zum Beispiel Bankeinlagen oder kurzlaufende Zinspapiere, die auf US-Dollar lauten. Die bekanntesten Off-chain-Stablecoins sind Tether, USD Coin (USDC) und Binance USD (BUSD).

Schichten der Blockchain

Die Blockchain ist vielschichtig und bietet viele unterschiedliche Anwendungsmöglichkeiten. Eine Reihe von Blockchains haben einen eigenen Token, zum Beispiel Ether oder Cardano.

Layer 1: Smart-Contract-Plattformen (z. B. Ethereum, Cardano, Solana)

Protokoll-Token: z. B. Ether

Layer 2: Token

- **Kryptowerte:** DeFi, NFT, Metaverse
- **Stablecoins:** USD Coin, Tether
- **Wertpapierähnliche Token:** Aktien, Schuldverschreibungen

2. **On-chain-besicherte Stablecoins.** Hier werden die Stablecoins mit anderen Kryptowerten besichert. Im Fall von TerraUSD war der Stablecoin über einen Algorithmus an den Kryptotoken Luna gekoppelt. In der Marktkorrektur im Frühjahr 2022 wurde Luna attackiert und stürzte ab. Terra USD konnte den Peg zum US-Dollar in dieser Phase nicht mehr halten.
3. **Algorithmische Stablecoins.** Hier sind keine Sicherheiten hinterlegt. Der Preis wird über einen Algorithmus abgebildet. Unbesicherte Stablecoins konnten in der Vergangenheit ihren Peg jedoch nicht halten. Die Devise lautet: Meiden, sie sind hochriskant.

Der Markt für Stablecoins konzentriert sich auf den US-Dollar. In den drei größten US-Dollar-Stablecoins waren per Ende Juli 2022 rund 140 Milliarden US-Dollar investiert. In Europa hingegen sind die regulatorischen Hürden hoch, und lange Zeit erschwerten Null- oder Niedrigzinsen den Einsatz in der Praxis. Das hat sich im Lauf des Jahres 2022 jedoch geändert. Einen Euro-Stablecoin führte im Sommer 2022 der amerikanische Kryptospezialist Circle, der auch den USD Coin (USDC) anbietet, ein. Der Euro Coin (EUROC) ist wie sein US-Pendant besichert.

→ Währungen der Zentralbanken

Wir leben zunehmend in einer digitalen Welt, warum gibt es daher nicht auch einen digitalen Euro oder digitalen US-Dollar, der von der Zentralbank ausgegeben wird?

Mit dem digitalen Yuan (e-CNY), der sich seit 2020 in der Testphase befindet, übernimmt China eine Vorreiterrolle. Anfang 2022 nahmen an dem Pilotprojekt mehr als 260 Millionen Menschen, etwa ein Fünftel der Bevölkerung Chinas, und mehr als

Die Top 10 Kryptowerte im Überblick

Bitcoin ist mit Abstand der wichtigste Kryptowert, gefolgt von Ethereum. Dahinter folgen eine Reihe bekannter Namen, hier kommt es aber öfter zu Verschiebungen.

Nr.	Name	Nativer Token	Existiert seit	Marktkapitalisierung (in Mrd. $)	Segment	Grad an Dezentralität
1	**Bitcoin**	BTC	2009	456,6	Layer 1 Blockchain	Sehr hoch
2	**Ethereum**	ETH	2015	217,6	Layer 1 Blockchain – Smart Contract Blockchain	Hoch
3	**Tether**	USDT	2015	66,5	Stablecoin	Sehr niedrig
4	**USD Coin**	USDC	2018	54,2	Stablecoin	Sehr niedrig
5	**Binance Coin**	BNB	2017	52,6	Layer 1 Blockchain – Smart Contract Blockchain der Kryptobörse Binance	Sehr niedrig
6	**Ripple**	XRP	2012	18,3	Layer 1 Blockchain	Niedrig
7	**Cardano**	ADA	2017	18,2	Layer 1 Blockchain – Smart Contract Blockchain	Mittel
8	**Binance USD**	BUSD	2019	17,8	Stablecoin	Sehr niedrig
9	**Solana**	SOL	2020	14,9	Layer 1 Blockchain – Smart Contract Blockchain	Niedrig
10	**Polkadot**	DOT	2017	10,1	Layer 1 Blockchain – Smart Contract Blockchain	Mittel

Wofür genutzt
Abwicklung von Transaktionen / Wertaufbewahrung
Abwicklung von Transaktionen / Smart Contracts / DeFi
Stablecoin, welcher einen stabilen Kurs von 1:1 zum US-Dollar gewährleisten soll
Stablecoin, welcher einen stabilen Kurs von 1:1 zum US-Dollar gewährleisten soll
Native Blockchain der Kryptobörse Binance. Abwicklung von Transaktionen / Smart Contracts / DeFi
Zahlungsnetzwerk für Banken mit dem Ziel, den internationalen Zahlungsverkehr zwischen diesen effizienter und kostengünstiger zu gestalten
Abwicklung von Transaktionen. Besonderheit: Die Plattform wird von Forschern und Wissenschaftlern entwickelt.
Stablecoin, welcher einen stabilen Kurs von 1:1 zum US-Dollar gewährleisten soll
Setzt auf schnelle Transaktionen / Smart Contracts / DeFi
Austausch von Nachrichten über verschiedene Blockchains / Abwicklung von Transaktionen / Smart Contracts

Quelle: Coinmarketcap.com, eigene Recherche; Stand: 09.08.2022

4,5 Millionen Händler teil. In Europa und den USA laufen die Diskussionen noch, bis hierzulande jedoch ein digitaler Euro zu erwarten wäre, dürfte es noch einige Jahre dauern. China ist anderen Ländern daher um vier bis sechs Jahre voraus.

Central Bank Digital Currencies, kurz CBDC genannt, sind ein großes Streitthema. Denn einerseits passt eine digitale Währung gar nicht zum dezentralen Konzept von Kryptowerten, wurden sie doch geschaffen, um sich aus den „Klauen" der Banken und Zentralbanken zu befreien. „Neben Bargeld und Einlagen auf Konten der Notenbank wäre ein digitaler Euro eine dritte Form von Zentralbankgeld. Grundsätzlich könnte er effiziente, moderne, digitale Zahlungen mit paneuropäischer Reichweite verbinden", meint dagegen Burkhard Balz, Vorstandsmitglied der Deutschen Bundesbank.

Ein großes Risiko von CBDC ist, dass vollständig anonyme Zahlungen nicht mehr möglich sind. Stattdessen werden sämtliche Zahlungen aller Bürger und Bürgerinnen in großen Datenbanken gespeichert. Aus diesem Grund sind CBDCs in freiheitlichen Gesellschaften ein Streitthema.

Kryptoangebote im Vergleich

Nicht alle Kryptoangebote erfüllen die gleiche Funktion. Einige eignen sich zu Spekulationszwecken, andere können für Zahlungen eingesetzt werden.

	Bitcoin, Ether	Stablecoins	NFT	ICO
Eigene Blockchain	Ja	Teilweise	Nein	Teilweise
Zahlungsmittel	Ja	Ja	Nein	Teilweise
Spekulation	Ja	Nein	Ja	Ja

Trendthema NFT

Kennen Sie Bored Apes, die gelangweilten Affen? Die Rede ist von den trendigen NFT (Non-Fungible Tokens), von denen einige ihre Besitzer oder Besitzerinnen für mehrere Millionen US-Dollar wechseln. Oder den Coup, den der Sportartikelkonzern Adidas mit NFT landete? Binnen weniger Minuten waren Ende 2021 die angebotenen NFT, die einen Anspruch auf Lieferung von mehreren exklusiven Adidas-Produkten und den Zugang zu digitalen Events im Metaverse gewährten, ausverkauft. Adidas erlöste aus dem Verkauf der NFT rund 23 Millionen US-Dollar.

Aber was sind NFT genau? Non-Fungible Token bedeutet „nicht austauschbare Token", es handelt sich also um ein einmaliges Asset. Jeder Token ist einzigartig, es gibt nicht mehrere davon. Man kann ein NFT übertragen, aber er ist nicht austauschbar, wie das bei Bitcoin oder Aktien, von denen viele identische existieren, der Fall ist.

Ganz einfach gesagt, lassen sich mit einem NFT Güter aus dem realen Leben in die digitale Welt übertragen. So wurde zum Beispiel ein digitales Abbild des Gemäldes „Der Kuss" von Gustav Klimt in einer limitierten Auflage von 10 000 Stück als NFT verkauft. Dem Original-Gemälde wird dabei ein digitaler Code zugewiesen, und in einem Smart Contract werden die Vertragsdetails beschrieben. Für internationales Aufsehen sorgte im Frühjahr 2021 auch eine Auktion von Christie's, bei der ein Sammler für ein digitales Kunstwerk des bis dahin kaum bekannten Künstlers Beeple 69 Millionen US-Dollar bezahlte.

Viele NFT-Angebote entstammen den Bereichen Kunst, Musik und Online-Spiele, aber zunehmend entdecken herkömmliche Unternehmen die Chancen dieses Bereichs und verbinden den Kauf von realen Produkten mit NFT oder Token, die im Metaverse eingesetzt werden können. Der Kreativität sind hier keine Grenzen gesetzt, jeder kann auf Plattformen wie zum Beispiel OpenSea oder Rarible einen NFT generieren.

Allerdings hat sich auch gezeigt, dass viele NFT-Preise sehr schnell und drastisch einbrechen können. So wurde der NFT des ersten Tweets von Twitter-Gründer Jack Dorsey anfangs für 2,9 Millionen US-Dollar verkauft, etwa ein Jahr später wurden nur noch wenige Hundert US-Dollar dafür aufgerufen. Ein wesentlicher Grund für den Preisverfall ist das enorme Angebot, das die Preise drückt. Inzwischen ist es auch nichts Besonderes mehr, ein NFT zu besitzen.

Zudem tummeln sich in diesem Markt viele Betrüger und bieten Fälschungen an, und irreführende Marketingaktionen in den Netzwerken sind keine Seltenheit. Zum Teil werden auch gezielt Nachrichten gestreut oder Transaktionen getätigt, um die Preise künstlich nach oben zu treiben. Es ist also besondere Vorsicht angebracht. Denn wer hier Betrügern auf den Leim geht, hat geringe Chancen, sein Geld wiederzusehen.

ICO: Glanz ist verblasst

ICO steht für Initial Coin Offering. Damit ist die Ausgabe neuer Token gemeint, die eine Idee oder ein Geschäftsmodell finanzieren sollen. Vor allem im Crowdfunding sind ICO weit verbreitet. Im Gegensatz zum klassischen IPO, dem Börsengang einer Aktiengesellschaft, handelt es sich bei ICO nicht um Vermögenswerte, sondern um digitale Token, die der Finanzierung eines Projekts dienen sollen.

Dieser Bereich boomte 2017/2018, doch längst ist der Glanz von ICO verblasst. Es gibt durchaus einige gute Projekte, vor allem wenn diese professionell gemanagt werden. Doch es sind viele Fälle bekannt, in denen die Gründer ihre anfangs als zukunftsträchtig angepriesenen Konzepte nur halbherzig oder gar nicht umgesetzt haben und mit dem Geld der Investoren verschwunden sind. Aufgrund der zahlreichen Betrugsfälle sollten Sie ICO-Angebote mit höchster Vorsicht betrachten.

Die Bundesanstalt für Finanzdienstleistungsaufsicht warnte bereits 2017 vor Engagements in diesem Bereich: „Die BaFin weist darauf hin, dass der Erwerb von Coins – je nach Ausgestaltung auch als Tokens bezeichnet – im Rahmen sogenannter Initial Coin Offerings (ICO) für Anleger erhebliche Risiken birgt. ICO sind höchst spekulative Investments. Anleger sollten sich darauf einstellen, dass auch ein Totalverlust ihrer Investition möglich ist. Wie bei den meisten aktuellen Trends zieht das hohe öffentliche Interesse an ICO auch Betrüger an."

Daran hat sich nichts geändert. Betrugsfälle gibt es in der vergleichsweise jungen Kryptowelt viele. Mehr über Tricks und Maschen der Betrüger sowie die größten Betrugsfälle erfahren Sie im folgenden Kapitel.

Was kommt mit Kryptowerten auf uns zu?

Die Idee ist bestechend: ein dezentrales Finanzsystem, das weltweit allen Menschen offensteht. Aber sprechen ein hoher Energiebedarf, Betrugsfälle, Geldwäsche et cetera nicht dagegen?

Egal, ob Eisenbahn, Fonds oder Bitcoin – neue Entwicklungen werden erst einmal kritisch beäugt oder sind ein willkommenes Instrument für zwielichtige Geschäfte. Ein „Höllengefährt" auf Schienen war die Eisenbahn. Anfangs fuhr sie nur dreimal so schnell wie die Postkutsche, doch die Menschen fürchteten psychische Störungen, da Raum und Zeit verdrängt würden. Kritisiert wurden aber auch die Eingriffe in die Natur, wie die Angst, dass das Tierleben erheblich gestört oder der schwarze Rauch das Getreide ungenießbar machen würde.

Auch neuen Trends am Kapitalmarkt wie Bitcoin & Co. begegnen viele Menschen kritisch – zu Recht! Ganz egal, ob es um kleine oder große Beträge geht, um Aktien, eine Immobilie oder Bitcoin: Es gibt positive wie negative Seiten. Beide sind wichtig zu betrachten. Neue Technologien sind wie so oft nicht entweder gut oder böse, sondern es kommt darauf an, was die Menschen damit anstellen, beziehungsweise daraus machen. Fakt ist, dass der Energiebedarf bei Kryptowerten wie Bitcoin enorm hoch ist, was viele am Thema Interessierten beschäftigt.

Auch die kriminelle Energie in diesen Märkten ist nicht zu unterschätzen. Doch genauso, wie heute viele Betrugsfälle mit Kryptowerten bekannt sind, gab es diese in den Anfangsjahren bei anderen Anlagen. So litt die Fondsindustrie in Deutschland lange unter dem IOS-Skandal der 1960er-Jahre. Das Schneeballsystem, in dem Fonds an Privatanleger verkauft wurden, ist einer der größten Betrugsfälle an den Finanzmärkten im vergangenen Jahrhundert. Ein Internetanschluss genügt heute, um eine schicke Webseite aufzubauen und das große Geld aus einem vermeintlich funktionierenden Produkt zu versprechen. Hier ist auch wichtig, die Methoden der Betrüger zu kennen.

Der Charme der Kryptowelt

Kryptowerte wie Bitcoin und Ethereum sind demokratische Zahlungssysteme und stehen allen Bürgern weltweit offen.

Damit hatte kaum jemand gerechnet: Kryptowerte sind hilfreich als Zahlungsmittel in Kriegszeiten. Die ukrainische Nationalbank hat nach dem Einmarsch Russlands ein Bitcoin-Spendenwallet eingerichtet, binnen weniger Tage kam dort ein mittlerer zweistelliger Millionenbetrag für humanitäre Zwecke und die Armee zusammen. Als Zahlungsmittel taugen Bitcoins und Stablecoins auch für Menschen auf der Flucht. In Ländern wie Deutschland waren die ukrainische Währung Hrywnja oder Bankkarten quasi wertlos, Kreditkarten funktionierten nur teilweise. Bitcoins und Stablecoins hingegen lassen sich binnen Sekunden in Euro wechseln, auch am Wochenende, wenn Banken geschlossen sind.

Soziale Komponente

Bitcoin kann eine wichtige soziale Komponente erfüllen. Auch in Ländern, in denen nicht alle Menschen über ein Bankkonto verfügen – etwa in ländlichen Regionen Afrikas –, ermöglichen Kryptowerte internationale Finanztransaktionen. Geldgeschäfte können – auch grenzüberschreitend und ohne Wechselkursverluste – ganz einfach innerhalb weniger Sekunden getätigt werden. Bitcoin & Co. kennen weder Grenzen noch Diskriminierung, das dezentrale System steht allen offen. Und für Bürgerinnen und Bürger in Ländern mit extrem hohen Inflationsraten oder gar bei einer drohenden Staatspleite können Kryptowerte eine Möglichkeit bieten, Ersparnisse abzuziehen und diese in stabile Token (Stablecoins), die zum Beispiel an den US-Dollar oder den Euro gebunden sind, zu wechseln. Mehr zu Stablecoins siehe S. 52, „Who is who? Von Stablecoins über NFT und ICO".

Effizientes System

Dass die Transaktionen ohne zentrale Institution, also ohne Banken oder Zentralbanken, möglich sind, sorgt für eine hohe Effizienz des Systems. Freiheit, Demokratie und Inflation prägen häufig die Diskussionen um Kryptowerte. Staaten können zwar Rahmenbedingungen für die Nutzenden vorgeben, sprich ob und wie die Bürger sie einsetzen können, aber nicht die Regeln von Bitcoin & Co. verändern. Eine Ausnahme sind Central Bank Digital Currencies (CBDC, siehe S. 55).

Ein kurzer Blick zurück: Bitcoin entstand in Zeiten der weltweiten Finanzkrise 2008. In unserem bisherigen etablierten Finanzsystem dominieren Banken und Sparkassen; ihre Hauptaufgabe ist es, Geldtransfers abzuwickeln, Einlagen zu verwalten und Kredite zu vergeben. Darüber hinaus kümmern sie sich noch um viele andere Belange. Die Großbanken koordinieren Fusionen und Übernahmen, begleiten Unternehmen auf dem Weg an die Börse und vieles mehr.

Inflation ist ein Thema

Überwacht werden die Finanzinstitute je nach Land von den regionalen Aufsichtsbehörden. In Deutschland sind das die Bundesbank und die Bundesanstalt für Finanzdienstleistungsaufsicht (Bafin). Bei der Bundesbank heißt es: „Eine funktionierende Volkswirtschaft braucht ein stabiles Finanzsystem." Übergeordnet ist die Europäische Zentralbank als oberste Währungsbehörde der Mitgliedstaaten der Eurozone. Ihre Aufgabe ist es, die Geldmenge zu steuern und für Preisstabilität zu sorgen. Sie soll die Wirtschaftspolitik der Europäischen Union so gut wie möglich unterstützen, aber dabei die Preisstabilität nicht gefährden. Soweit die Theorie. Wie die Preisstabilität in der

---

Definition von Kryptowerten. Die Europäische Bankenaufsichtsbehörde (EBA) definiert Kryptowerte als digitale Abbildung eines Wertes, der nicht von einer Zentralbank oder Behörde geschaffen wird und auch keine Verbindung zu gesetzlichen Zahlungsmitteln haben muss. Kryptowerte werden von natürlichen und juristischen Personen als Tauschmittel verwendet und können elektronisch übertragen, verwahrt oder gehandelt werden.

Praxis aussieht, ist bekannt: Im Juli 2022 betrug die Inflation in Deutschland 7,5 Prozent und war damit so hoch wie in den 1970er-Jahren. Die Europäische Zentralbank (EZB), aber auch die Notenbanken in vielen anderen Ländern wie in den USA, hatten während der Corona-Krise den Geldhahn aufgedreht und die Zinsen gesenkt, um die Konjunktur zu stützen. Als jedoch weitere Faktoren wie Lockdowns und Produktionsausfälle zu Lieferkettenproblemen führten und als Folge des Ukrainekonflikts die Rohstoffpreise rasant zulegten, war die Inflation deutlich über den angepeilten Zielkorridor der Notenbanken hinausgeschossen.

In den etablierten Ländern Europas oder den USA sind zwar keine Zahlungsausfälle zu befürchten. Doch in Anbetracht der gestiegenen Verbraucherpreise und der hohen Staatsverschuldung suchen manche nach Alternativen und kaufen Gold – oder Kryptowerte.

Keine staatliche Steuerung

Eingriffe der Zentralbanken in die Geldmenge gibt es bei Kryptowerten nicht. So läuft in der Welt von Bitcoin alles nach einem festen Plan, die Anzahl der Token ist auf 21 Millionen limitiert. Bei Ethereum hingegen existiert keine absolute Obergrenze, hier werden jährlich maximal 18 Millionen Token ausgegeben. Üblicherweise existieren aber Obergrenzen. Ob sie bestehen und wie hoch diese ist, hängt von den Regeln des einzelnen Kryptowerts ab. So hat Avalanche (AVAX) zum Beispiel die Menge auf 720 Millionen Token begrenzt, Cardano (ADA) auf 45 Milliarden. Wie viele Token ausgegeben werden, ist – genauso wie alle Regeln – im Softwareprotokoll der Blockchain gespeichert und öffentlich verfügbar. Die Regeln sind also klar definiert, eine gezielte Ausweitung oder Verknappung der Angebotsmenge – analog die Geldmengensteuerung der Zentralbank – ist nahezu un-

Gesetzliche Regeln. Um Geschäfte an einem offiziell in Deutschland zugelassenen Kryptohandelsplatz zu tätigen, muss man sich dort namentlich registrieren. Alle Handelsplattformen, Börsen und Anbieter von Finanzprodukten wie etwa Exchange Traded Notes (ETN), die Geschäfte in Deutschland tätigen möchten, benötigen eine Genehmigung der Bundesanstalt für Finanzdienstleistungsaufsicht (BaFin). Diese überwacht die Geschäftstätigkeit. Finanztest empfiehlt daher generell, nur Geschäfte mit Instituten zu tätigen, die von der Bafin zugelassen sind. Wer an anderen Handelsplätzen im Ausland Geschäfte tätigt, geht ein viel höheres Risiko ein.

Bitcoin versus MSCI World im Vergleich

Gegenüber marktbreiten Aktienindizes wie dem MSCI World sind die Kursausschläge von Bitcoin – sowohl nach oben wie nach unten – deutlich größer.

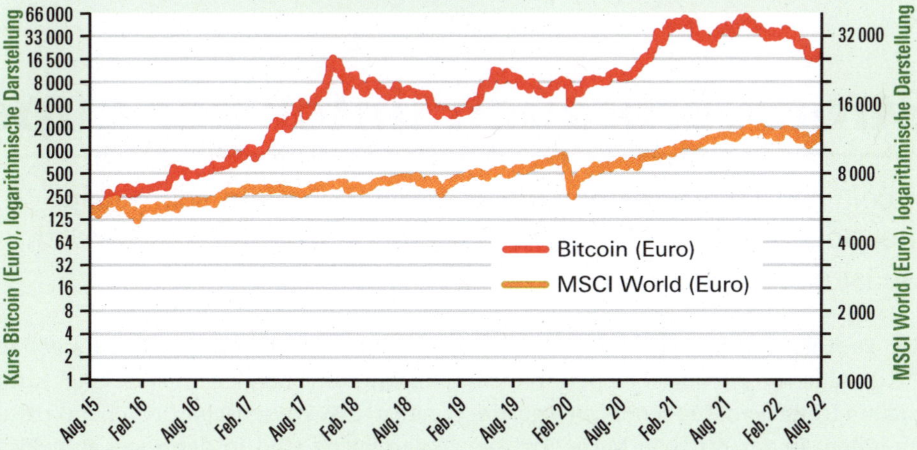

möglich. Dafür wäre die Zustimmung der Netzwerkteilnehmerinnen und -teilnehmer nötig. Diese sind jedoch primär am Werterhalt ihrer Kryptowerte interessiert, was gegen eine Ausgabe zusätzlicher Token spricht.

Es existiert also keine von den Bürgerinnen und Bürgern nicht kontrollierbare zentrale Instanz wie die Notenbanken. So kann nicht einfach per Beschluss eines kleinen Expertengremiums, wie das bei den Notenbanken der Fall ist, die Anzahl der im Umlauf befindlichen Menge ausgeweitet werden. Zins- und Geldpolitik sind obsolet, Bitcoin & Co. folgen stets dem Protokoll, ganz egal ob Konjunkturkrise oder Boom.

Betrachtet man Bitcoin im Vergleich zu Währungen wie dem US-Dollar oder dem Aktienmarkt, sind die Schwankungen jedoch exorbitant. Der Kurs von Bitcoin hat von seinem Hoch im November 2021 binnen sechs Monaten zwei Drittel des Wertes eingebüßt. Auch einzelne risikobehaftete Aktien haben derart stark verloren, insgesamt waren die Verluste am Aktienmarkt aber deutlich geringer. Der MSCI World Index, der Aktien aus 23 Ländern abbildet, gab in den ersten sechs Monaten 2022 um rund 20 Prozent nach. Kurzum: Im Vergleich zu den Aktienmärkten oder etablierten Währungen wie dem US-Dollar oder dem Euro sind die Kursausschläge bei Bitcoin & Co. weitaus extremer.

Die Wertentwicklung von Kryptowerten in den vergangenen Jahren gleicht eher einer Achterbahnfahrt und ist nichts für Menschen mit schwachen Nerven. „Krypto-Winter“ nennen die Profis die Phasen der Konsolidierung. Zeiten der Konsolidierung und Marktbereinigung sind für Investoren schmerzhaft. Die höchsten Verluste verbuchen in diesen Zeiten Segmente, in denen vorher Exzesse zu beobachten waren, wie bei ICO und NFT.

Stromverbrauch unter der Lupe

Bitcoin & Co. verbrauchen viel Energie, vor allem schmutzige Energie – so die weitverbreitete Meinung. Stimmt das wirklich, wie ist das zu bewerten?

Es steht außer Frage: Der Stromverbrauch von Bitcoin ist nicht nur hoch, er ist im Laufe der Jahre tendenziell gestiegen. Allein in der Zeit von Mitte 2017 bis Mitte 2022 hat sich der jährliche Verbrauch verzehnfacht, wie sich aus den Zahlen der University of Cambridge ablesen lässt. 13,46 Gigawatt pro Stunde verbrauchte Mitte 2022 das Bitcoin-Netzwerk laut Bitcoin Electricity Consumption Index, das sind etwa 118 Terawatt-Stunden (TWh) pro Jahr. Noch höher, gut 200 TWh, schätzt der Wissenschaftler Alex de Vries von der Universität Amsterdam (digiconomist.net) den Verbrauch ein. Absolut verlässliche Daten für das globale Netzwerk, an dem so viele Akteure aus aller Herren Länder beteiligt sind, lassen sich nicht absolut zuverlässig ermitteln, weshalb wir uns an dieser Stelle mit Näherungswerten begnügen müssen.

Die Fachleute des unabhängigen Forschungsinstituts Cambridge Centre for Alternative Finance (CBECI) verweisen darauf, dass nichts Vergleichbares zu Bitcoin existiere, was einen einfachen Vergleich von Äpfeln mit Äpfeln ermöglicht. In puncto Energieverbrauch sind oft nicht alle Daten verfügbar, was die Sache erschwert.

Die beliebten Gegenüberstellungen von Bitcoin zum Energieverbrauch eines Landes sehen die Wissenschaftler eher kritisch: „Vergleiche sind in der Regel subjektiv – man kann eine Zahl klein oder groß erscheinen lassen, je nachdem, womit sie verglichen wird. Ohne zusätzlichen Kontext können ahnungslose Leser zu einer bestimmten Schlussfolgerung verleitet werden, die das wahre Ausmaß entweder unterschätzt oder übertreibt. Beispielsweise gibt die Gegenüberstellung der Stromausgaben von Bitcoin mit dem jährlichen Fußabdruck ganzer Länder mit Millionen Einwohnern Anlass zur Sorge, dass der Energiehunger von Bitcoin außer Kontrolle gerät. Andererseits können diese Bedenken zumindest teilweise zerstreut werden, wenn man erfährt, dass bestimmte Städte oder Ballungsräume in entwickelten Ländern auf ähnlichem Niveau arbeiten. In der Praxis ist ein solch ausgewogener Ansatz jedoch oft nicht praktikabel, da es schwierig ist, verlässliche Vergleichsdatensätze zu finden."

Daher zeigen wir diverse Vergleiche zum jährlichen Stromverbrauch (teils beziehen sich die Daten auf Schätzungen beziehungsweise den Verbrauch in 2019 oder 2020):

Täglicher Stromverbrauch des Bitcoin-Netzwerks

Der Stromverbrauch des Bitcoin-Netzwerks hängt primär von der Kursentwicklung ab. Bei hohen Kursen sind viele Miner aktiv, was den Verbrauch erhöht.

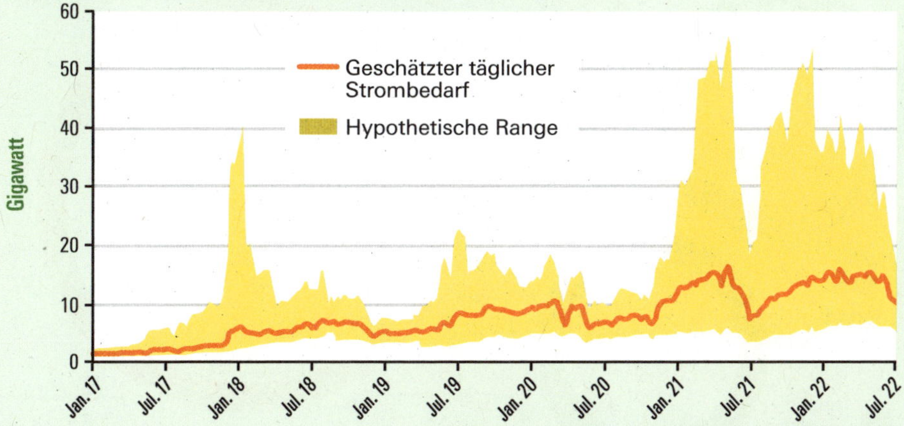

Quelle: Cambridge Center for Alternative Finance, https://ccaf.io/cbeci/index

- **Bitcoin:** 118 TWh (2022), circa 70–75 TWh in 2020
- **Deutschland:** 500 TWh (2019)
- **China:** 6875 TWh (2019)
- **Goldförderung:** 131 TWh (2019)
- **Klimaanlagen weltweit:** 2199 TWh (2020)

Ein anderer Blick ist der Energieverbrauch in Relation zur weltweiten Gesamtproduktion: 2020 wurden weltweit 167716 Terawattstunden Energie produziert, der Energieverbrauch von Bitcoin – 118 TWh in 2022 – entspricht im Vergleich dazu weit weniger als einem Promille. 2020 lag der Verbrauch des Bitcoin-Netzwerks bei etwa der Hälfte – also weniger als 0,5 Promille der Gesamtenergieproduktion.

Jeder kann hier also „seine“ Zahlen finden, um pro und contra zu argumentieren. Wer strikt in allen Lebensbereichen auf seinen CO_2-Fußabdruck achtet, wird Kryptowerte vermutlich wegen des hohen Stromverbrauchs meiden oder abwägen, ob soziale Aspekte wie der Zugang zu einem Finanzsystem für alle Menschen weltweit ein ausreichender Grund für ein Engagement sein können.

Das Thema ist höchst komplex, denn es reicht auch nicht, nur den Energieverbrauch zu betrachten. Durch Bitcoin entsteht auch viel Elektronikschrott. Es werden hochleistungsfähige Rechner benötigt, und die sind nach ein bis zwei Jahren oft veraltet. Wer wettbewerbsfähig bleiben will, muss regelmäßig aufrüsten. Dabei ist zu bedenken, dass Altgeräte nicht zwingend auf dem Schrottplatz landen, sondern meist anderweitig eingesetzt werden. Dagegen stellen die Befürworter von Bitcoin den Stromverbrauch des klassischen Finanzsystems: Schicke Hochhäuser, Menschen, die tagtäglich weite Arbeitswege zurücklegen, während in der Kryptobranche minimales Personal nötig ist, um große Transaktionen zu tätigen. Und die sitzen meist im Home-

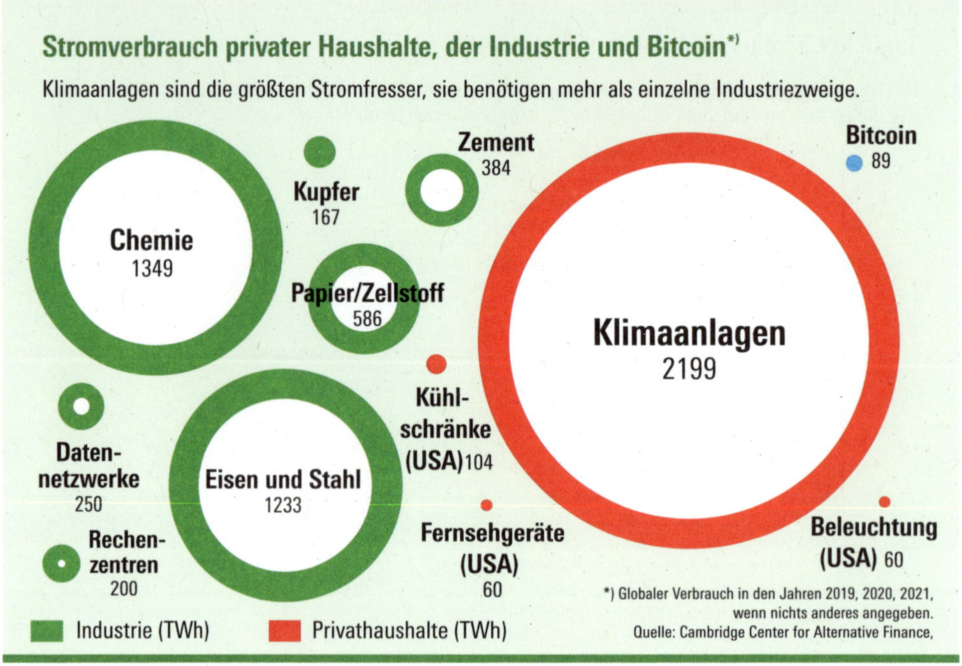

office beziehungsweise dort, wo Strom leicht erhältlich und günstig ist.

Wirklich fundierte Vergleiche zu ziehen ist kaum möglich, denn ganz exakt lässt sich weder der Energieverbrauch von Kryptowerten noch der des Finanzsystems messen. Ebenso schwer ist es, die genauen Energiequellen zu benennen. Denn die Miner sitzen rund um die Welt verteilt und nutzen unterschiedliche Energiequellen, die nicht immer bekannt sind. Sie schließen häufig direkte Verträge mit den Stromanbietern mit günstigeren Konditionen. Nicht nur, weil sie große Mengen abnehmen, sondern auch, weil sie Überkapazitäten der Stromnetzwerke nutzen, die nicht immer anderweitig verwendet werden können. Denn das Mining von Bitcoin ist vor allem dann lukrativ, wenn die Stromkosten niedrig sind. Das ist oft nachts der Fall, wenn der Strom anderweitig nicht verbraucht wird.

Grüne Ziele für Krypto

In Anbetracht der ökologischen Schäden fossiler Brennstoffe haben mehrere Hundert Akteure aus verschiedenen Bereichen der Kryptobranche den Crypto Climate Accord unterzeichnet und sich damit verpflichtet, die Treibhausgasemissionen aus ihrem Stromverbrauch bis 2030 auf Netto-Null zu senken. Ein ambitioniertes Ziel.

In einer im Februar 2022 veröffentlichten Studie haben die vier internationalen Wissenschaftler, de Vries, Gallersdörfer, Klaaßen und Stoll, festgestellt, dass das Mining-Verbot in China im Frühjahr 2021 möglicherweise den Einsatz erneuerbarer Energiequellen beim Bitcoin-Mining reduziert und zu einem Anstieg des CO_2-Ausstoßes geführt habe. Hintergrund ist, dass Miner in China teils Wasserkraft genutzt haben. Sie ist kostengünstig und während der Regensaison im Überfluss vorhanden.

In der Studie „Cryptocurrency's Dirty Secret: Energy Consumption" (zu Deutsch: Schmutziges Geheimnis der Kryptowährungen: Energieverbrauch) der Columbia Climate School heißt es, dass nach dem Verbot der Mining-Aktivitäten in China der Löwenanteil im Mining jetzt in den USA stattfindet und sich der Einsatz von Natural-Gas verdoppelt hat. Hinter den Vereinigten Staaten belegt Kasachstan, wo rund die Hälfte der Energie aus den schadstoffreichen Kohlekraftwerken stammt, den zweiten Platz beim Mining.

Exakt messen lässt sich der CO_2-Fußabdruck von Kryptowerten wie gesagt nicht, denn es ist nicht im Detail bekannt, welche Energiequellen die einzelnen Akteure nutzen und wie genau die Verträge aussehen. 2020 befragten Wissenschaftler des Cambridge Centre for Alternative Finance für ihre dritte globale Benchmark-Studie 280 Marktteilnehmer aus 59 Ländern. Ihr Ergebnis: 39 Prozent des gesamten Energieverbrauchs stammen beim Proof-of-Work-Mining aus erneuerbaren Energiequellen. Mit dem Trend hin zu mehr erneuerbaren Energiequellen sollte dieser Anteil im Lauf der Jahre steigen. Bis dato ist dies aber in den Statistiken nicht sichtbar.

Bitcoin braucht am meisten Energie

Der Energiebedarf von Kryptowerten ist abhängig von der Blockchain. Bitcoin hat einen deutlich größeren Energiebedarf als andere Blockchains. Grund dafür ist das Konzept Proof-of-Work, das Bitcoin zugrunde liegt. Hier versuchen viele Miner gleichzeitig eine komplizierte Rechenaufgabe zu lösen, weshalb teils große Miningfarmen eingesetzt werden. Anders ist das, wenn die Blockchain auf dem Proof-of-Stake-Konzept basiert. Hier werden lediglich Token hinterlegt, was nur einen Bruchteil der Rechnerleistung erfordert (siehe S. 44). Das Ethereum-Netzwerk wurde im September 2022 auf Proof-of-Stake umgestellt und ist nun weitaus energieeffizienter, als das zuvor der Fall war.

Erhöht eine Bitcoin-Transaktion den Energieverbrauch? Der Energieverbrauch von Bitcoin steigt nicht proportional mit der Anzahl der Transaktionen. Relevant für den Energieverbrauch ist der Bitcoin-Preis. Dabei spielt es keine Rolle, ob in einem Block viele oder wenige Transaktionen verbucht werden. Die Kosten für die Schaffung eines neuen Blocks verändern sich nicht, egal ob Tausende von Buchungen oder nur ganz wenige enthalten sind.

Kriminelle Energie in der Kryptowelt

Kryptowerte sind bekannt für Betrug, Diebstahl, Geldwäsche, Erpressung, Terrorfinanzierung & mehr. Das ist kein Grund, sie gänzlich zu meiden, aber es ist elementar zu wissen, wo die Fallen lauern und wie man Risiken erkennt.

Die Maschen der Betrüger sind zum Teil bekannt, und doch fallen Jahr für Jahr erneut viele Menschen darauf herein. Aber die Gauner sind auch kreativ und finden neue Wege, arglose Opfer um ihr Geld zu bringen. Mit Kryptowerten ist das besonders einfach, die Betrüger nutzen die Unwissenheit oder geringe Erfahrung der Menschen und versprechen das große Geld, erpressen aber auch Firmen oder setzen Schadsoftware ein.

Straftaten im Kryptobereich sammelt Chainalysis und veröffentlicht jährlich einen Report, der sich nicht nur für Kryptointeressierte lohnt. Teils sind die Maschen aus dem Alltag bekannt. Wer die Tricks kennt, fällt nicht so leicht auf den Betrug herein. Und falls doch, lohnt der Weg zur Polizei. Denn die Spur von Kriminellen im Netz lässt sich bei Kryptowerten nachvollziehen. Immer wieder gelingt es den Behörden, geklaute Token zurückzuholen. Ein Blick auf die Bereiche, in denen besonders viel Geld verschwindet und häufig Privatleute betroffen sind, bietet Aufschluss.

Klassische Scams

Sie versprechen schnellen Reichtum. Alles sei ganz einfach, man könne mit wenig Geld oder einem Demokonto erst einmal testen, ohne großes Risiko. Jeder könne mitmachen, das sagten teilweise auch Prominente wie Oliver Welke, Günther Jauch oder Lena Meyer-Landrut – so wollen die Betrüger es ihre Opfer glauben machen. Und mit Kryptowährungen lasse sich ganz schnell viel Geld verdienen, so die Versprechen der Telefonanrufer, die sich als erfahrene Finanzberater ausgeben.

In der Praxis wird das Geld scheinbar erstaunlich schnell vermehrt, manchmal auch ein kleiner Betrag zurücküberwiesen, damit sich die Opfer in Sicherheit wiegen. Mit dem Versprechen auf das große Geld überweisen diese mehr und mehr. Blöd nur, dass von den Gewinnen, die am Bildschirm oder auf dem Papier angezeigt werden, oft gar nichts real ist. Kein Cent wurde investiert, das Kapital floss in die Taschen der Betrüger. Die Internetseite ist plötzlich offline, telefonisch niemand erreichbar, das Geld

Kryptobetrügereien

Kryptoassets im Wert von 14 Milliarden US-Dollar ergaunerten Betrüger im Jahr 2021, so die Daten des in der Branche viel beachteten Crypto Crime Report von Chainalysis. Beliebteste Masche sind Scams.

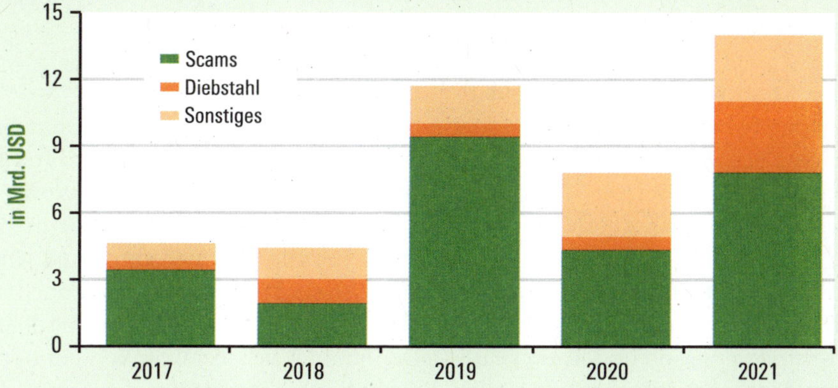

Quelle: Chainalysis, Crypto Crime Report 2022

weg und die Anbieter auf Nimmerwiedersehen verschwunden. Eine typische Masche von Betrugsfirmen wie Marketrobo, die 2019 und 2020 in Deutschland und anderen Ländern viele Menschen um ihre Ersparnisse brachten. Für ihre Werbevideos engagierten sie eigens Schauspieler und Sprecher, um möglichst viel Geld im In- und Ausland einzusammeln. Alles lief nach dem klassischen Schneeballsystem: Wenn zwischendurch Gelder zurückgezahlt wurden, waren es Einzahlungen anderer Kunden. Dieses System nennt sich Scam, Kriminelle ergaunern so alljährlich Milliardenbeträge. 2021 waren es weltweit rund 7,7 Milliarden US-Dollar, so die Daten des 2022 Crypto Crime Reports, der alljährlich von Chainalysis veröffentlicht wird und inzwischen 140 Seiten umfasst. Am Rande: In Deutschland werden Betrugsfälle mit Kryptowerten als Cyberkriminalität erfasst. Unter diesen Begriff fallen aber auch Straftaten im Internet, bei denen Krypto keine Rolle spielt.

Scam: Vermeintliche Romantik

Eine andere populäre Masche sind sogenannte Romance Scams. Niemals zuvor gab es so viele Fälle wie in 2021. Betrüger knüpfen vornehmlich Kontakte über Dating-Plattformen und bauen eine persönliche Beziehung zum Opfer im Internet auf. In der vorgegebenen Partnerschaft steht für die Betrüger die finanzielle Potenz des Opfers im Vordergrund, sie machen diese anfangs neugierig auf Gewinnchancen mit Kryptogeschäften und überreden sie zum Kauf von Kryptowerten bei einem bestimmten Internetanbieter.

Auch hier handelt es sich aber um Fake-Webseiten, die zwar Buchungen vortäuschen und, um Vertrauen zu erwecken, mal einen kleinen Betrag zurückzahlen. Doch in der Realität verschwindet das Geld in dunkle Kanäle. Die Beziehung besteht, bis die finanziellen Ressourcen des Opfers erschöpft sind, dann verschwinden die potenziellen Partner von der Bildfläche mitsamt den ergaunerten Kryptowerten. Die US-Handelskommission FTC berichtet von Anfang 2021 bis März 2022 von 46 000 Fällen in den USA. Am häufigsten wurde Bitcoin übertragen, teils auch Ether und Tether.

Scam: Neuer Trend Rug Pull

Rug Pull kann man stark vereinfacht als gezielte Preismanipulation und Abzocke unwissender Menschen beschreiben. Dabei treiben die Entwickler eines vermeintlich neuen Projekts den Wert ihres zum Projekt gehörenden Tokens gezielt nach oben, um diesen wertvoll erscheinen zu lassen. Eine einheitliche Definition von Rug Pull existiert aber letztlich nicht, mehrere Arten von Betrug werden so bezeichnet. In der Praxis kreieren die Betrüger meist nur ein Wallet, in das Kryptobesitzer ihre Token übertragen können im Tausch gegen preismanipulierte „Projekt-Token". Haben die Gauner ausreichend Geld eingesammelt, machen sie sich aus dem Staub und lassen die Opfer mit wertlosen Token zurück. Auf den ersten Blick ist die Betrugsabsicht nicht als solche zu erkennen, weshalb von unbekannten Projekten dringend abzuraten ist. Die meisten Rug Pulls waren 2021 im Bereich DeFi (siehe S. 47, „Dezentraler Kapitalmarkt") zu beobachten. Aber auch Thodex zählt dazu. Der Chef der zentralisierten Kryptobörse war verschwunden, nachdem er den Abzug von Token gestoppt hatte. Insgesamt wurden auf diese Weise 2021 Anleger um mehr als 2,8 Milliarden Dollar gebracht.

Gestohlene Einlagen

3,2 Milliarden Dollar – sechs Mal mehr als 2020 – klauten Diebe 2021 aus fremden Wallets. Der Großteil davon wurde von DeFi-Plattformen entwendet, eine Warnung für alle, die hier aktiv sind. Offensichtlich sind diese Plattformen noch nicht alle so stabil, dass sie Dieben standhalten. Denn in der dezentralen Welt können die Open-Source-Programmcodes von allen Marktteilnehmern gelesen werden. Versierte Gauner erkennen mögliche Schwachstellen im Protokoll und können Gelder abziehen, bevor die eigentlichen Transfers stattfinden.

Beim Diebstahl von Einlagen sind aber nicht nur die Plattformen die Schwachstelle. Oft ist es auch menschliches Versagen, wenn Interessierte ein Fake-Wallet, das Schadsoftware enthält, erwerben oder im Netz herunterladen. Ebenfalls ein bekanntes Problem ist der leichtfertige Umgang mit den Zugangscodes, wie der Seed-Phrase oder dem Private Key, die an Mitarbeiter eines vorgetäuschten Kundenservices des Wallet-Anbieters weitergegeben werden.

Eine Gefahr sind auch Phishing-E-Mails, über die sich Hacker Zugang zum Private Key der Opfer verschaffen. Beim sogenannten Phishing erhalten Kryptobesitzer eine E-Mail von einem vermeintlich vertrauten Absender. Klicken sie auf den Link, wird Schadsoftware auf dem Computer installiert, mittels der die Betrüger Anmeldedaten und Passwörter oder den Private Key mitlesen können. Um sich zu schützen, können Sie sich bei einem vertrauenswürdigen Händler ein Hardware-Wallet anschaffen und darauf die Token speichern. Bleiben Sie zudem bei allen unbekannten Anfragen immer skeptisch und geben Sie auf keinen Fall die Seed-Phrase oder den Private Key weiter.

Checkliste

Gaunereien entlarven

Betrüger haben es häufig leicht, versprechen sie doch schnelle und hohe Gewinne. Besonders wenn Emotionen ins Spiel kommen und das Gegenüber nach dem Transfer von Token oder dem Private Key fragt, sollten die Alarmglocken schrillen. Nehmen Sie Geldangelegenheiten selbst in die Hand und vertrauen Sie keinen Außenstehenden. Ganz wichtig: Klicken Sie nicht auf Links in E-Mails, jeder Link kann Schadsoftware enthalten. Überprüfen Sie den Anbieter! Unter test.de finden Sie die „Warnliste Geldanlage", in der dubiose, unseriöse Geldanlageangebote aufgelistet sind, vor denen Finanztest warnt. Unter bafin.de > Publikationen & Daten > Datenbanken finden Sie Anbieter, die eine Zulassung der BaFin besitzen. Tätigen Sie keinesfalls Geschäfte mit Anbietern, die Sie dort nicht finden können.

Nur Betrügerinnen und Betrüger tun Folgendes:

- ☐ **Sie rufen** unaufgefordert an und offerieren Geldgeschäfte.
- ☐ **Gerne versprechen** oder garantieren sie hohe Gewinne.
- ☐ **Sie fordern** zum Kauf von Kryptowährungen auf.
- ☐ **Außerdem drängen** sie auf einen schnellen Abschluss des Geschäfts.
- ☐ **Auf Dating-Plattformen** sprechen sie relativ schnell über Geld und Geldanlagen.
- ☐ **Sie wollen** Fernsteuerungssoftware auf Ihrem Computer installieren.
- ☐ **Und sie fragen** nach dem Private Key.

Lösegeldsummen stiegen signifikant

Während sich Hacker 2019 noch mit Krypto-Assets im Wert von 25 000 US-Dollar pro Erpressung zufriedengegeben hatten, waren die gezahlten Summen 2021 fast fünfmal so hoch.

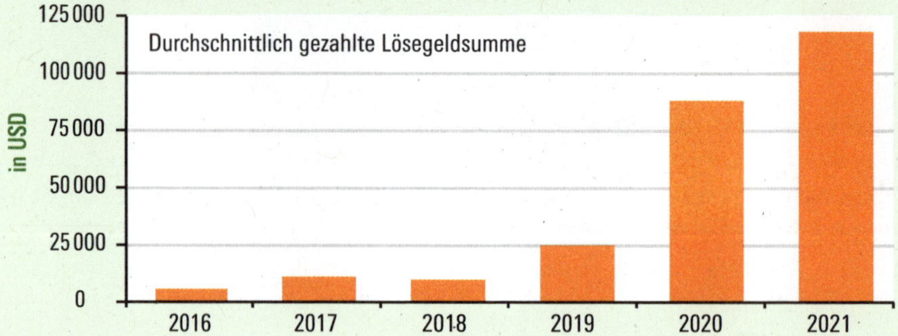

Quelle: Crypto Crime Report 2022

Erpressungen ohne Ende

Das Geschäftsmodell der russischen Conti dürfte so manchen die Sprache verschlagen: Die Firma bietet Lösegeldsoftware als Service an, genannt RaaS (Ransomware-as-a-Service). Gegen eine Gebühr können Geschäftspartner die Erpressersoftware von Conti nutzen. 180 Millionen Dollar wurden über das System 2021 erbeutet, nahezu ein Drittel aller Erpresserattacken. Auch bei anderen Varianten der Internetkriminalität, so zum Beispiel bei Phishing-Mails, existieren ähnliche Vertriebsmodelle für die Software. Die finanziellen Schäden sind enorm, doch die Betrüger in der Regel schwer zu fassen.

Zu den international bekanntesten Fällen der vergangenen Jahre zählt die Erpressung des amerikanischen Ölpipelinebetreibers Colonial Pipeline, die von DarkSide mit Ransomware erpresst wurden. Öffentliche Aufmerksamkeit erhielt der Hack nicht nur, weil mit der Pipeline ein Teil der US-Infrastruktur lahmgelegt wurde, sondern auch, weil die Behörden den Großteil des Lösegelds vom Erpresser DarkSide zurückholen konnten. Erpressungsfälle sollten immer an die Behörden gemeldet werden. So steigt die Chance, den Verbrechern auf die Schliche zu kommen und gestohlene Token zurückzuholen.

Finstere Ecke: Darknet

Wer sich mit dem Standardbrowser im Netz bewegt, ahnt nichts von der Parallelwelt, dem Darknet. Nomen est omen, es geht um die dunkle Welt des World Wide Web. Das Darknet ist nur über spezielle Software zugänglich und erlaubt den Nutzerinnen und Nutzern, anonym zu bleiben. Daher ist es eine bevorzugte Plattform für illegale Geschäfte. Im Darknet tummeln sich vornehmlich Kriminelle, Drogenhändler schließen Geschäfte ab, und auf digitalen Marktplätzen werden Daten von gestohlenen Kreditkarten, Passwörtern et cetera gehandelt. Kein Ort, an dem man aktiv sein sollte! Doch die Unterwelt zahlt und akzeptiert gerne auch Kryptowerte. Der Wert der Transaktionen 2021 wird auf die Rekordsumme von 2,1 Milliarden US-Dollar in Kryptowerten geschätzt.

Privatsphäre oder Geldwäschekontrolle?

Mit Kryptowerten könnten Geld aus illegalen Geschäften oder illegal erworbene Beträge einfach in Fiat-Währungen getauscht und ausgegeben werden.

Ein Zugang für jedermann, wie ihn Kryptowerte versprechen, bedeutet nicht zwingend, dass dieser anonym ist. Wer heute einsteigen und Kryptowerte handeln möchte, muss sich ausweisen. Egal, ob bei der Kontoeröffnung bei einem Onlinebroker oder dem Handel an einer Kryptobörse: In Deutschland müssen Kundinnen und Kunden ihre Daten offenlegen. Das ist im Übrigen auch in vielen anderen Ländern der Fall. Das Ziel ist, Geldwäsche zu verhindern. Auf den ersten Blick erscheint es oft, als könnten über Kryptowerte illegal erworbene Gelder über einen Handelsplatz wieder zurück ins normale Finanzsystem geschleust werden. Doch ganz so einfach ist das nicht.

Jede Transaktion im Kryptosystem ist festgehalten und nachvollziehbar, jedes Geschäft hinterlässt sozusagen einen persönlichen Fingerabdruck, kriminelle Handlungen sind wie ein Einbruch, bei dem die Täter anhand ihres Fingerabdrucks ausfindig gemacht werden können. Das funktioniert über den Public Key, denn alle Transaktionen sind anhand der Wallet-Adresse nach-

---

Verbrechern auf der Spur. Die Behörden können Transaktionen nachverfolgen und den Tätern auf die Spur kommen. Denn Kryptowerte werden auf ein Wallet transferiert, der Public Key ist bekannt. Via Analysetools, zum Beispiel von Chainalysis, können Forensiker Transaktionen eines User-Wallets nachvollziehen. Besonders populär sind Scams. Die US-Handelskommission stellte fest, dass Geschädigte oft in sozialen Medien mit Werbung, einem Post oder einer Nachricht geködert werden. Als die am häufigsten verwendeten Plattformen machte das FBI Instagram (32 %), Facebook (26 %), WhatsApp (9 %) und Telegram (7 %) ausfindig.

vollziehbar. So lässt sich verfolgen, wenn eine Wallet-Adresse, die für einen Scam oder eine Erpressung verwendet wurde, weitere Transaktionen tätigt. Dabei tauchen keine Namen auf, lediglich die involvierten Wallet-Adressen und Summen sind einsehbar. Und damit nicht alles sofort offensichtlich ist, nutzen viele Kryptoakteure gerne auch mehrere Wallet-Adressen.

→ Public Keys zeigen Spuren

Wer Ihren Public Key kennt, kann nachvollziehen, wann und wie viel Geld von Ihrem Wallet transferiert wurde. Das funktioniert zum Beispiel über Webseiten wie blockchain.com/explorer (Bitcoin) oder etherscan.io (Ether). Übrigens: In einem Wallet können mehrere Public Keys gespeichert werden. Wer also neugierigen Freunden die Informationen vorenthalten will, kann einen neuen Public Key generieren (mehr zu Keys und Wallets siehe S. 116).

Kriminologen verfolgen die Transaktionen und können die Täter häufig dann aufspüren, wenn sie Geld von Kryptowerten in Fiat-Währungen tauschen. Denn illegal erworbene Gelder nützen den Gaunern nicht viel, solange sie in einem Wallet liegen und diese das Geld nicht ausgeben können. Wird Geld von einem Wallet, das aus Scams oder anderen illegalen Geschäften stammt, in Euro oder US-Dollar getauscht, etwas gekauft oder zum Beispiel ein Hotelzimmer damit gebucht, können Täter identifiziert werden.

Dabei arbeiten die Strafverfolgungsbehörden international zusammen. Auf globaler Ebene gründeten die G-7-Staaten 1989 die Financial Action Task Force (FATF) mit dem Ziel, weltweit Geldwäsche und Terrorfinanzierung zu kontrollieren und zu verhindern. Inzwischen haben mehr als 200 Staaten zugestimmt, dass sie die Regeln implementieren. Wie in jedem System existieren aber leider auch Schlupflöcher. Cyberkriminelle nutzen unregulierte Marktplätze, meist landen Kryptowerte, die von Betrugs-

Erfolgloser Versuch. Kein System ist perfekt, auch der Bitcoin-Code hatte ein paar Schwachstellen, die im Lauf der Jahre entdeckt und ausgemerzt wurden. Die erste Schwachstelle wurde am 15. August 2010 offensichtlich, als plötzlich 184 Milliarden Bitcoins generiert wurden – ein Vielfaches von den 21 Millionen, die Satoshi Nakamoto als Obergrenze festgesetzt hatte. Die Netzwerkteilnehmer erkannten den Fehler und reparierten die Software innerhalb weniger Stunden.

Geldwäsche via Kryptowährungen

Milliardenbeträge werden alljährlich im Kryptosystem „reingewaschen", so die Zahlen des Crypto Crime Report, den Chainalysis regelmäßig veröffentlicht.

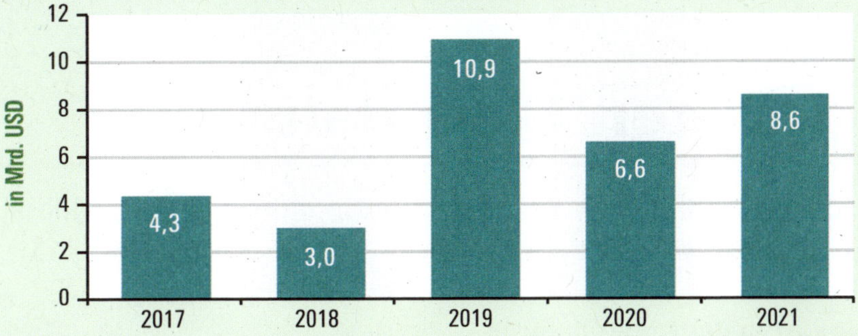

Quelle: Crypto Crime Report 2022

adressen verschickt werden, zuerst bei zentralisierten Börsen und werden dann in dezentrale Protokolle wie zum Beispiel Tornado Cash getauscht, um Spuren zu verwischen. Werden sie ausfindig gemacht, werden die Adressen sanktioniert, wie das im Herbst 2021 zum Beispiel beim Kryptobroker Suex oder dem Handelsplatz Chatex der Fall war, die vornehmlich aus Russland, Tschechien und Estland heraus operierten. Damit möglichst wenig Geld aus illegalen Transaktionen an etablierten Kryptohandelsplätzen landet, setzen professionelle Marktteilnehmer auch forensische Dienste von Blockchain-Sicherheitssoftwarefirmen (zum Beispiel Peckshield oder TRM Labs) ein. Doch genauso, wie Betrüger im herkömmlichen Finanzsystem immer wieder neue Wege finden, ist das auch im Kryptobereich der Fall.

Zwei Abkürzungen tauchen beim Thema Geldwäsche immer wieder auf:

- **KYC – Know your customer,** kenne deinen Kunden. Die Banken müssen die Daten der Kunden registrieren. Damit können die Besitzer von Wallets ausfindig gemacht werden. Banken und Börsen müssen aber auch die Aktionen der Kunden überwachen und verdächtige Transaktionen melden.
- **AML – Anti Money Laundering,** die Verhinderung von Geldwäsche. Wer Geschäfte in Deutschland betreiben will, muss Anti-Geldwäsche-Richtlinien beachten. Reguliert werden Kryptowerte europaweit, ähnlich wie im Wertpapiergeschäft MiFid die Richtlinie über Märkte für Finanzinstrumente greift, gelten bei Kryptowerten die MiCA-Verordnung (Markets in Crypto Assets) sowie die Transfer of Funds Regulation (TFR)-Verordnung. Letztere erlaubt Transaktionen von „hosted wallets", das sind Krypto-Wallets (siehe S. 116) bei einem Finanzinstitut – diesem muss die Identität des Besitzers bekannt sein. Sogenannte unhosted wallets (auch non-custodial wallets genannt) sollen besonders behandelt werden, so die vorläufige Entscheidung aus Brüssel. Bei diesen Wallets sind die Besitzer namentlich nicht bekannt.

Die größten Skandale

Hacker zogen mit spektakulären Aktionen schon oft zig Millionen US-Dollar ab. Überraschend: nicht immer in böser Absicht.

Mt. Gox ist in der Kryptobranche das Synonym für den größten Diebstahl der Geschichte. War es das wirklich? Bitcoins im Wert von rund 460 Millionen US-Dollar konnten Hacker von der Kryptobörse stehlen. Noch größere Summen – bis zu 620 Millionen Dollar – verschwanden zwischen 2018 und 2022 bei Poly Network, Ronin und Coincheck. Erstaunlich ist im Fall Mt. Gox, dass die Hacker über Jahre hinweg Bitcoins stehlen konnten, ohne entdeckt zu werden. Von 2011 an klauten sie von der Börse etwa 100 000 Bitcoins und von Kunden 750 000 Bitcoins. Es dauerte bis 2014, dass der Diebstahl bemerkt wurde. Das war das Ende von Mt. Gox, die Kryptobörse wurde aufgelöst. Rund 200 000 der gestohlenen Token konnten zwar wieder zurückgeholt werden, der Wert der vermissten 650 000 Bitcoin entspricht Anfang August 2022 stattlichen 14,7 Milliarden Dollar.

Damit wird Mt. Gox wohl noch lange der größte Schadensfall der Kryptowelt bleiben, obwohl in den Statistiken ein paar andere Namen noch weiter oben stehen. Denn gemessen werden die Fälle nicht nach dem heutigen Wert der Token, sondern dem Wert zum Zeitpunkt beziehungsweise der Aufdeckung des Diebstahls.

Betrugsfall	Mio. US-Dollar
Poly Network	611
Ronin	540
Coincheck	532
Mt. Cox	460
Wormhole	325

„Mr. White Hat"

Ein Hack, der für alle Seiten gut ausging, war die Attacke auf Poly Network 2021. Die DeFi-Plattform ermöglicht den Tausch von Protokoll-Token über mehrere Plattformen hinweg. Von diesen transferierte der Hacker „Mr. White Hat" Token im Wert von mehr als 600 Millionen Dollar auf drei Wallets, gab das Geld aber später wieder zurück, nachdem Poly Network die Wallet-Adressen des Hackers identifiziert und einen Teil der erbeuteten Token eingefroren hatte. Sie forderten ihn über den Nachrichtendienst Twitter – der als wichtigster Kommunikationskanal der Kryptobranche gilt – auf, die Token zurückzugeben. Das Unternehmen offerierte Mr. White Hat eine Prämie von 500 000 Dollar für die Aufdeckung von Schwachstellen im System und bot ihm zudem einen Job als oberster Sicherheitschef des Poly Network an.

Angriff auf Brücken

Es war ein ungewöhnliches Angebot: Sky Mavis, Anbieter des Onlinespiels Axie Infinity, offerierte, dass Nutzer beim Spielen Geld verdienen können. Das Modell: Wer ein Spiel gewinnt, erhält Smooth Love Potion-Token (SLP), bei großen Wettbewerben gab es auch die Token Axie Infinity Shards (AXS) zu „verdienen". Axies, die Charaktere im Spiel, sind NFT (Non-Fungible Token). Sie können im Spiel gezüchtet werden, indem man mit SLP und AXS bezahlt.

Klar, dass mehr Axies die Gewinnchancen verbessern und so viele Spielerinnen und Spieler bereit waren, dafür Geld zu bezahlen. Und wer sich keine Axies leisten konnte, mietete sie von anderen Teilnehmenden – gegen Gebühr, versteht sich. Die Rechnung für die Spieler schien aufzugehen, der Wert der Axies legte zu, und vor allem Menschen in ärmeren Ländern konnten mit dem Onlinespiel ihren Lebensunterhalt verdienen.

Das Konzept der Erfinder: Jeder neue Spieler benötigt Axies, die steigende Nachfrage sollte den Preis für die NFT nach oben treiben. Doch nach geraumer Zeit sanken die Spielerzahlen, der Wert von SLP stürzte vom Top bei 0,40 US-Dollar auf 1,8 Cent und AXS von 165 US-Dollar auf 56 USA-Dollar ab. Zu allem Übel stahlen Hacker im März 2022 620 Millionen Dollar Token von Sky Marvis.

Anders als viele NFT, die zum Zeitpunkt der Entwicklung des Spiels im Jahr 2017 auf der Ethereum-Blockchain basierten, entwickelte der Spieleanbieter Sky Marvis eine eigene Blockchain, Ronin. Die Hacker fokussierten sich auf die sogenannte Bridge (Deutsch: Brücke), eine Software, mit der Token von einer Plattform in Token einer anderen getauscht werden. Angreifer zogen von der Ronin-Bridge 173 600 Ether und 25,5 Millionen USDC-Token ab.

Bridges waren auch beim Wormhole-Angriff, bei dem Token im Wert von 325 Millionen Dollar gestohlen wurden, der Schwachpunkt. Das Blockchain-übergreifende Protokoll von Wormhole ermöglicht Tokentransfers zwischen den Blockchains von Solana und Ethereum. Um größeren Schaden auch vom Solana-Netzwerk abzuwenden, lieferte die Muttergesellschaft von Wormhole Ether, um gestohlene Token zu ersetzen.

Wallet der Börse abgeräumt

Anders war es beim Angriff auf die japanische Kryptobörse Coincheck. Sie hatte Token auf den Rechnern der Börse gespeichert. Hacker verschafften sich Zugang zum Server und zogen New Economic Movement-Token (NEM) im Wert von mehr als einer halben Milliarde Dollar ab. Der Diebstahl ereignete sich Anfang 2018. Nach dem Hacker-Angriff stürzte der Wert der Token massiv ab. Trotz kurzzeitiger Erholung sind sie nur noch wenige Cent wert. Die Spur der entwendeten Token konnte teilweise verfolgt werden, es wird aber vermutet, dass sie, zumindest ein Teil davon, im Darknet landeten und dort reingewaschen wurden.

Was sind Bitcoin & Co. wert?

Sie erwägen, Geld direkt etwa in Bitcoin, Ether oder weniger bekannte Kryptowährungen zu stecken? Das will gut überlegt sein. Hier erfahren Sie, worauf zu achten ist, bevor Sie mit der Spekulation loslegen.

Innerhalb eines guten Jahrzehnts ist ausgehend vom Bitcoin eine neue, komplett digitale Anlageklasse entstanden, die inzwischen eine Vielzahl von Token mit eigenen „Biotopen" kennt. Auch die Möglichkeit, Kryptowerte zu erwerben, hat sich über die Jahre immer stärker erweitert, und inzwischen erwägen dies keineswegs nur Eingeweihte wie in früheren Tagen.

Da verwundert es kaum, dass nach aktuellen Zahlen der Europäischen Zentralbank (EZB) laut „Financial Stability Report" vom Mai 2022 im Durchschnitt schon 10 Prozent aller Haushalte in den großen Ländern der Eurozone angeben, Kryptowerte zu besitzen. In Deutschland liegt die Zahl geringfügig unter dem Mittelwert.

Im Folgenden erfahren Sie, was Sie wissen sollten, wenn Sie sich für den Kauf von Kryptowerten näher interessieren. Ganz wichtig ist es dabei, sich über die hohen Risiken im Klaren zu sein und ein Engagement in Kryptowerten nicht mit einer soliden Geldanlage zu verwechseln. Sie sollten nur gut informiert und wohlüberlegt einen solchen Schritt wagen – und sich intensiv mit den Token, in die Sie investieren möchten, auseinandersetzen.

Bislang fehlen allerdings noch akademisch abgesicherte Bewertungsmethoden für Kryptowerte, wie sie etwa bei Wertpapieranlagen seit Längerem existieren. Wir stellen Ihnen die wichtigsten Ansätze – und widerstreitende Meinungen dazu – vor. Wenn Sie dann unsere Tipps befolgen, verringert das Ihr Risiko.

Ihr Plan für Bitcoin & Co.

Wenn Sie Kryptowerte kaufen möchten, gehen Sie gut überlegt vor. Können Sie sich die damit verbundenen Risiken leisten?

Bevor wir darin einsteigen, wie man in Kryptowerte investiert, bitten wir Sie, einen kleinen Schritt zurückzutreten. Denn ehe Sie zu spekulieren beginnen, sollten Sie eine solide langfristige Geldanlage auf die Beine stellen. Wir empfehlen Ihnen daher, sich als Allererstes noch einmal die Grundlagen eines sinnvollen Vermögensaufbaus vor Augen zu führen. Als Orientierung dient uns das bekannte Terrassenmodell für die Geldanlage, das wir hier allerdings nur kurz vorstellen möchten. Es kann in jedem Lebensalter und in jeder Lebenslage dazu dienen, Finanzen und Geldanlage im Griff zu haben.

Die wichtigste Erkenntnis in der Ausgangslage: Wenn Sie Stufe für Stufe vorgehen, kommt es nicht zu einer finanziellen Überforderung. Denn auf Dauer kann man nur das Geld anlegen, was man wirklich übrig hat. Daher kommt die Tilgung von Konsumschulden zum Beispiel vor der Geldanlage. Und die wichtigste Erkenntnis mit Blick auf Kryptowerte lautet: Ein Engagement hierin sollten Sie erst in Erwägung ziehen, wenn Ihr Vermögensaufbau solide ist, Sie dafür das nötige Spielgeld übrig haben und auch das Nervenkostüm, um mit teilweise extrem starken Kursschwankungen umzugehen. Wenn Sie mit dem Terrassenmodell bereits vertraut sind, können Sie es getrost überblättern und auf S. 82 „Eigene Anlagestrategie“ weiterlesen.

Nach dem Terrassenmodell vorgehen

Das klassische Terrassenmodell besteht aus vier Stufen – Kryptowerte sollte man erst in Erwägung ziehen, wenn man auf allen vier Stufen bereits ausreichend Geld deponiert hat. Sie sollten in der Lage sein, das damit verbundene Totalverlust-Risiko nicht nur finanziell tragen zu können, sondern auch die entsprechend hohe Risikobereitschaft mitzubringen.

Klar ist: Wer nachts nicht schlafen kann, wenn eine Geldanlage in den Miesen notiert, sollte um Kryptowährungen von vorneherein einen großen Bogen machen.

- **Auf Stufe eins** des Modells betrachten Sie Ihren laufenden Zahlungsverkehr. Ziel ist es, stets in etwa eine Monatsausgabe auf dem Girokonto parat zu haben, um nicht ins Soll zu rutschen, sprich in die Verlegenheit zu kommen, den – teuren – Dispositionskredit auf dem Girokonto nutzen zu müssen. Haben Sie diesen Betrag so weit angespart, gehen Sie den nächsten Schritt.
- **Auf Stufe zwei** sparen Sie Ihre finanzielle Notreserve an. Etwa zwei bis vier Monatsausgaben sollte solch ein Polster betragen, etwa für die ungeplante Autoreparatur oder den kaputten Kühlschrank. Vorsichtige legen gerne noch mehr beiseite. Täglich verfügbare Tagesgeldkonten sind hierfür am besten geeignet. Haben Sie auf dieser Stufe Geld entnehmen müssen, füllen Sie diesen Reservetopf wieder auf, bevor Sie den nächsten Schritt gehen.
- **Auf Stufe drei** sparen Sie Geld für mittelfristige finanzielle Ziele an. Um was es sich dabei handelt, hängt ganz von Ihnen ab. Das kann das Geld für ein mehrmonatiges Sabbatical sein oder der Grundstock für die Gründung eines eigenen Unternehmens. Wichtig ist: Je konkreter Ihr Ziel und je näher in der Zukunft es liegt, desto sicherer sollte dieses Geld angelegt werden. Geeignet sind zum Beispiel Festgeld oder Anleihen solider Schuldner, die auf die gewünschte Anlagedauer abgestimmt sind.
- **Auf Stufe vier** – die Ebene des langfristigen Vermögensaufbaus und der Vorsorge für später – sollten Sie steigen, wenn Sie auf den Stufen eins bis drei die entsprechenden Geldsummen liegen haben. Beim langfristigen Vermögensaufbau geht es um Anlagezeiträume von mindestens sieben, besser zehn Jahren und gerne noch länger. Hier investieren Sie nun Ihre freien Geldmittel – sei es regelmäßig mithilfe von Sparplänen, sei es einmalig eine größere Summe zum Beispiel aus einer Erbschaft oder der Auszahlung einer Lebensversicherung. Da Sie länger Zeit zum Sparen haben, sollten Sie hier gezielt auch auf riskantere Anlageformen wie international breit gestreute Aktien-ETF (Exchange Traded Funds – börsengehandelte Indexfonds) setzen. Denn langfristig kann Ihnen mit Sachwertanlagen wie Aktien ein Ausgleich der Teuerung gelingen. Ein einfaches wie solides Modell für die langfristige Geldanlage bietet Ihnen das von Finanztest entwickelte Pantoffel-Portfolio.

Das Konzept gibt es in verschiedenen Chance-Risiko-Profilen. So können sowohl Sicherheitsliebende als auch Risikofreudigere eine passende, einfach umzusetzende Anlagemöglichkeit finden – und das ganz unabhängig von der Größe ihres Geldbeutels. Dazu mehr im Kasten „Das Pantoffel-Portfolio“ auf S. 84. Auch eine von Ihnen selbst genutzte Immobilie in zukunftssicherer Lage kann ein geeignetes Investment auf Stufe vier sein.

- **Geht noch mehr?** Sie sind die Stufen eins bis vier bereits gegangen, aber es kitzelt Sie, in Maßen und ohne Verlustangst ein noch etwas höheres Risiko einzugehen – und Sie sind von den Zukunftsaussichten von Kryptowerten überzeugt? Dann können Sie noch einen Schritt machen und wohlkalkuliert das Wagnis eingehen, solange Ihr sonstiger Vermögensaufbau solide ist. Ihnen sollte allerdings klar sein, dass Sie Ihren Einsatz auch komplett verlieren können, wenn sich zum Beispiel ein vermeintlich attraktiver Token als heiße Luft entpuppt – denn das kommt immer mal wieder vor in der äußerst dynamischen Kryptowelt. Und Sie sollten sich den Verlust Ihres Spielgelds auch leisten können und wollen. Wenn Sie all diese Fragen überzeugend klar mit Ja beantworten, dann können Sie das Risiko eingehen, wohldosiert auch – ein wenig – Geld in Kryptowerte zu stecken.

Eigene Anlagestrategie entwickeln und befolgen

Auf Ebene vier ist es zentral, dass Anlegende eine zu ihrer subjektiven Risikobereitschaft und zur objektiv gegebenen Risikotragfähigkeit dauerhaft passende Verteilung der Vermögensanlagen entwickeln. Der Fachbegriff hierfür lautet Asset Allocation. Darunter ist zu verstehen, wie das Vermögen auf verschiedene Anlageklassen wie Aktien, Anleihen und Immobilien aufzuteilen ist. Die passende Asset Allocation zu finden und sie auch langfristig durchzuhalten, selbst wenn es an den Finanzmärkten turbulent zugeht, ist tatsächlich der entscheidende Einflussfaktor für die erfolgreiche Geldanlage.

Markt-Timing hingegen, also die Suche nach den optimalen Einstiegs- und Ausstiegszeitpunkten, wird von Anlegerinnen und Anlegern häufig stark überbewertet – und führt dazu, dass sie auf der Suche nach den optimalen Zeitpunkten oftmals falschliegen. Selbst Profis schneiden zum Beispiel am Aktienmarkt dauerhaft nicht besser als der Gesamtmarkt ab. Wie allerdings langfristige Untersuchungen zeigen, fuhren Anleger in der Vergangenheit deutlich schlechter, wenn sie die besten Börsentage verpassten, weil sie nicht investiert waren. Die Erfahrung aus den Aktienmärkten zeigt, dass Anleger, die zu einem ungünstigen Zeitpunkt ausstiegen und dann Tage mit hohen Kursgewinnen verpassten, sich die Rendite verhagelten. Wer dagegen im Rahmen einer passenden Anlagestrategie die

Nerven behält und investiert bleibt, auch wenn es mal an den Börsen kracht, läuft nicht Gefahr, die besten Tage zu verpassen.

Um zu einer passenden Asset Allocation zu kommen, müssen Anleger neben ihrem Anlagehorizont die erwartete Rendite und das Risiko, das sie einzugehen bereit sind, in Betracht ziehen. Das Risiko einer Anlage lässt sich zum Beispiel an den Schwankungsbreiten oder aber an den historischen „Drawdowns“ festmachen. Der Begriff Drawdown bezeichnet dabei das Ausmaß des Verlustes vom vorangegangenen erreichten Höchstkurs.

Seien Sie also ehrlich zu sich selbst und beantworten Sie sich die Frage, wie viel zwischenzeitlichen Verlust Sie wirklich ertragen können, ohne dass Sie sich aus Angst zu Kurzschlusshandlungen hinreißen lassen. Bei Kryptowerten sollten Sie sicherheitshalber mit einem Totalverlust rechnen. Hier stecken Sie nur Geld rein, auf das Sie komplett verzichten könnten.

→ Krypto-Winter

In der Kryptowelt werden Korrekturphasen als „Krypto-Winter“ bezeichnet. Und davon hat Bitcoin bereits mehrere hinter sich. Kurseinbrüche von 80 Prozent sind im Krypto-Winter, die in der Vergangenheit bis zu zwei Jahren dauerten, nicht ungewöhnlich. So ging es zuletzt im Frühjahr 2022 – vier Jahre nach dem Platzen der ICO-Blase in 2018 – erneut steil abwärts, als sich abzeichnete, dass die Zinsen steigen und die Notenbanken ihre expansive Geldpolitik beenden. Kapital war über Jahrzehnte hinweg „günstig“ zu beschaffen, die hohe Liquidität der Kapitalmärkte hatte die Kurse an den Aktien-, Anleihen- und Kryptomärkten über lange Jahre hinweg beflügelt – die Zinswende stoppte den Anstieg und löste Kursrückgänge bei Aktien wie Anleihen aus. Im Kryptomarkt fielen die Rückschläge jedoch viel extremer aus. Die Übertreibungen der vergangenen Jahre – vor allem im Bereich NFT – stoppten, schlagartig wich die Euphorie bitterer Ernüchterung. Hinzu kamen der Kollaps des Stablecoins Terra Luna, dessen System Schwächen aufwies und Hackerattacken nicht standhalten konnte. Mit derartigen Angriffen müssen Kryptobesitzerinnen und -besitzer immer wieder rechnen, denn Token oder Anwendungen im DeFi-Bereich überleben nur, wenn sie solide und resistent gegen Angriffe von außen sind.

Das Pantoffel-Portfolio kurz erklärt

Nun zum Pantoffel-Portfolio. Es liefert Börsenneulingen ebenso wie Fortgeschrittenen eine einfache, aber gut funktionierende Asset Allocation mit guten Renditechancen für die langfristige Geldanlage (Stufe 4 des

Terrassenmodells). Wer zehn Jahre oder besser noch länger Zeit hat, ist mit einem Pantoffel-Portfolio solide aufgestellt.

Das Pantoffel-Portfolio wurde 2013 von den Expertinnen und Experten von Finanztest entwickelt und ist eine praktische Lösung für die breit gestreute Geldanlage. Die Anlagestrategie ist nahezu für jedes längerfristige Sparziel (ab zehn Jahren) und Budget geeignet, denn es lässt sich für die Einmalanlage einer bestimmten Summe genauso verwenden wie für einen regelmäßigen Sparplan zum Vermögensaufbau.

Das Portfolio basiert in der einfachsten Variante auf zwei Bausteinen: einem Sicherheitsbaustein aus Zinsanlagen (in Niedrigzinszeiten ist das vor allem Tagesgeld) und einem Renditebaustein mit einem international breit gestreuten Aktien-ETF (infrage kommt vor allem ein ETF auf den MSCI World Index, der gut 1500 Aktien aus 23 Industrienationen umfasst). Das Pantoffel-Portfolio ist leicht umzusetzen, die genutzten Finanzprodukte sind besonders kostengünstig und transparent. Anlegende bleiben flexibel und können ihre Anlagestrategie mühelos geänderten Lebenssituationen anpassen.

In der Regel einmal im Jahr sollte man die Portfoliozusammensetzung überprüfen – und bei Abweichungen von 10 Prozentpunkten und mehr von der Zielzusammenstellung des Portfolios die Ausgangslage wiederherstellen. Dieses sogenannte Rebalancing ist Teil des Erfolgsgeheimnis-

Das Pantoffel-Portfolio

Aufbau. Die Pantoffel-Portfolios sind bequem und eignen sich gut für Einsteigerinnen und Einsteiger. Sie bestehen nur aus zwei Teilen: renditestarken Aktienfonds und sicheren Zinsanlagen. Der Renditebaustein wird mit Aktien-Indexfonds (ETF) bestückt, die einen breit angelegten Börsenindex abbilden. Für den Sicherheitsbaustein kommt derzeit Tages- oder Festgeld infrage.

Mischung. Je nach Risikobereitschaft und Alter können Sie die Portfolio-Teile unterschiedlich gewichten. Finanztest unterscheidet die folgenden drei Pantoffel-Varianten:

Defensive Variante für Vorsichtige: 25 Prozent Aktien-ETF und 75 Prozent Zinsanlagen

Ausgewogene Variante, für die meisten geeignet: je 50 Prozent Aktien-ETF und Zinsanlagen

Offensive Variante für Risikobereite und junge Leute, die fürs Alter sparen: 75 Prozent Aktien-ETF und 25 Prozent Zinsanlagen

ses der Anlagestrategie. Je nach persönlicher Risikobereitschaft und Risikotragfähigkeit kann man eine von drei Pantoffel-Varianten wählen: das defensive, das ausgewogene und das offensive Portfolio. Die Portfolio-Aufteilung zeigt die Grafik (siehe Kasten „Das Pantoffel-Portfolio", S. 84).

Wie viel sollte man erwägen, in Kryptowerte zu investieren?

Um es ganz klar zu sagen: Finanztest gibt derzeit überhaupt keine Empfehlung ab, Kryptowerte zu kaufen. Vielmehr warnt Finanztest vor den Risiken und Gefahren, die damit verbunden sind. Wenn Sie aber dennoch den Schritt gehen und Kryptowerte kaufen möchten, sollten Sie sich nach dem gegenwärtigen Entwicklungsstand des Kryptomarktes auf die beiden bekanntesten Kryptowerte Bitcoin und Ethereum beschränken und nur einen sehr geringen Anteil Ihres Gesamtvermögens einsetzen.

Dafür gibt es mehrere Gründe: Bitcoin und Ethereum sind am etabliertesten, besonders dezentral organisiert und global unterstützt. Der Handel mit Bitcoin und Ethereum ist inzwischen an vielen Handelsplätzen möglich und äußerst liquide. Es ist daher leicht möglich, Positionen zu erwerben, aber auch wieder zu veräußern – ohne gleich größere Auswirkungen auf die Kurse zu haben. Außerdem haben sich ihre Anwendungs- beziehungsweise Nutzungsfälle inzwischen relativ klar herauskristallisiert. Bitcoin wird – trotz seiner großen Kursschwankungen – verstärkt als langfristiger Wertspeicher betrachtet. Ethereum dagegen gilt als die wichtigste Trägerplattform und als technische Basis von einer Vielzahl weiterer Kryptoprojekte vor allem im Bereich von Smart Contracts und Decentralized Finance.

Diese beiden Kryptowerte sind es, die nach wie vor den gesamten Bereich domi-

---

„I am Hodling". Nein, das ist kein Tippfehler, aber es war einmal einer – und der ging in der Meme-begeisterten Bitcoin-Szene schnell viral. Am 18. Dezember 2013 begründete ein User im BitcoinTalk.org-Forum unter der Überschrift „I am Hodling", warum er trotz des gerade stattfindenden Kurseinbruchs des Bitcoins seine Coins weiter halte (Englisch: to hold). Der Begriff „Hodl" steht seither für Krypto-Anhänger, die Kryptowerte längerfristig halten, anstatt darin zu traden. Später entwickelte sich daraus die Abkürzung für „Hold On for Dear Life" – aktienaffine Anleger würden das Buy-and-Hold-Strategie nennen, also: kaufen und liegen lassen.

nieren. Selbst in der Top-10-Liste nach Marktkapitalisierung wechseln die Projekte auf den Plätzen 3 bis 10 häufig, wie zuletzt 2022 spektakulär der Crash des Stablecoins Terra-Luna gezeigt hat (siehe S. 94).

Investments in diesem Bereich der Kryptowelt sind daher noch erheblich spekulativer als in Bitcoin und Ethereum. Außerdem ist die Kursentwicklung vieler dieser kleineren Kryptowährungen ohnehin mit Bitcoin noch sehr eng verbunden (Fachwort: korreliert, siehe dazu S. 87).

Finanztest gibt derzeit überhaupt keine Empfehlung ab, Kryptowerte zu kaufen. Vielmehr warnt Finanztest vor den Risiken und Gefahren. Wer es dennoch wagt, sollte den Einsatz strikt begrenzen.

Klar ist aber auch: Die sogenannte Bitcoin-Dominanz – also der monetäre Anteil von Bitcoin an der gesamten Kryptomarkt-Kapitalisierung (siehe Grafik zur Bitcoin-Dominanz auf S. 30) – bewegt sich unter starken Schwankungen tendenziell weiter nach unten. Anders ausgedrückt: Über die Zeit gewinnen die sogenannten Alternativen Coins (oder kurz: Altcoins, siehe Kasten „Gut zu wissen“, S. 38) tendenziell an Bedeutung im Markt. Des Weiteren ist zu beobachten, dass in längeren Anstiegsphasen des Marktes sich die kleineren Titel im Schnitt etwas besser als der Gesamt-Kryptomarkt entwickeln, in negativen Marktphasen sieht es allerdings oftmals umgekehrt aus. Darin lässt sich durchaus eine Parallele zu den Aktienmärkten ablesen: Auch dort kann man sehen, dass in Aufwärtsmärkten oft die sogenannten Blue Chips, also die besonders bekannten, von der Marktbewertung her großen Aktiengesellschaften, weniger stark zulegen, sie dafür aber in Abwärtsbewegungen auch weniger stark verlieren.

Am ehesten können sehr risikofreudige Personen überlegen, sich an Bitcoin und Ethereum zu wagen – und dann abzuwarten und die Bestände liegen zu lassen, also zu „hodln“ (siehe Kasten S. 85). Die hinter Bitcoin und Ethereum im Ranking der Marktkapitalisierung folgenden Kryptoassets sollten alle, die keine Erfahrung im Kryptobereich haben oder entsprechend keine Zeit in die Analyse des jeweiligen Tokens und seiner Besonderheiten investieren, aus Sicherheitsgründen meiden.

So oder so sollte das Geld, das Anlegende in Bitcoin oder Ethereum stecken, ausschließlich aus Spielgeld bestehen, wie wir das im Terrassenmodell oben ausgeführt haben. Dort zählten die Kryptowerte in den Bereich der reinen Spekulation – jenseits des etablierten Terrassenmodells.

So kann das mit dem Spielgeld konkret aussehen: Angenommen, Sie haben für den

Was sagt die Korrelation aus? Korrelation ist die wechselseitige Beziehung zwischen den Entwicklungen zweier Anlageinstrumente, ausgedrückt durch den Korrelationskoeffizienten. Dieser kann Werte zwischen –1 und +1 (perfekt negativ/positiv korreliert) annehmen. Unkorrelierte Vermögenswerte haben einen Wert von 0. Ein perfekter Gleichlauf ist aber nicht gleichbedeutend mit einer gleichen Wertentwicklung. Ein Vermögenswert, der über viele verschiedene Zeiträume und Marktbedingungen eine niedrige oder negative Korrelation zu anderen Werten aufweist, kann ein interessanter Portfoliobaustein sein, da er das Gesamtrisiko des Portfolios senkt.

langfristigen Vermögensaufbau 50000 Euro in Aktien-ETF investiert, zum Beispiel im Rahmen eines 50:50-Finanztest-Pantoffel-Portfolios im Gesamtwert von 100 000 Euro, und haben weitere 500 Euro zur Verfügung. Dann könnten Sie dieses Geld in Kryptowerte anlegen, zum Beispiel hälftig in Bitcoin und Ethereum.

Und was ist mit aktivem Handeln in Kryptowährungen, werden Sie sich vielleicht fragen? Sie haben bereits gehört, dass die Token rund um die Uhr an 365 Tagen im Jahr gehandelt werden. Aus unserer Sicht sollten aktives Trading in Kryptowerten nur Personen erwägen, für die das Thema mehr ist als ein gelegentliches Hobby. Sie müssen bereit und in der Lage sein, täglich mehrere Stunden dafür aufzuwenden, um die Kursbewegungen und Geschehnisse im Markt laufend im Blick zu haben. Außerdem benötigen sie eine äußerst strikte Disziplin beim Traden. Sonst laufen sie Gefahr, rasch auf dem falschen Fuß erwischt zu werden und bei den oft sehr schnellen Kursbewegungen Geld zu verlieren. Kurzum: Aus unserer Sicht ist aktives Traden in Kryptowerten allenfalls für sehr erfahrene, im Kryptouniversum sehr bewanderte (Semi-)Profis geeignet, aber keinesfalls etwas für Einsteiger. Obendrein gilt es hier auch steuerliche Aspekte zu berücksichtigen (siehe ab S. 131 „Kryptopraxis und Steuern“).

Ein kurzer Ausflug in die Portfoliotheorie

Es gibt einen Aspekt, der für eine geringfügige Beimischung von Bitcoin und Ethereum in ein Portfolio sprechen könnte. Denn die Portfoliotheorie besagt, dass es sinnvoll ist, ein Portfolio so zusammenzustellen, dass die darin vertretenen Geldanlagen nur gering positiv oder besser noch negativ korreliert sind. Das senkt das Schwankungsrisiko des Gesamtportfolios – und schont damit die Nerven der Anlegenden. Was bedeutet das konkret? Bei einer negativen Korrelation

Die Korrelation von Bitcoin mit dem MSCI World Index

Bitcoin und der bekannte Welt-Aktienindex MSCI World weisen längerfristig eine niedrige rollierende Korrelation aus. Das hat sich allerdings seit dem Corona-Jahr 2020 geändert – seither hat sich die Korrelation erhöht, aber auf ein immer noch moderates Niveau.

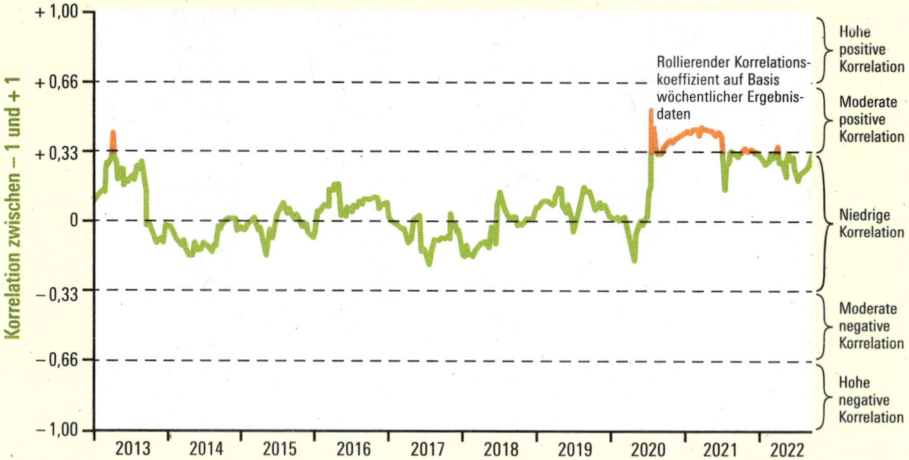

Quelle: Refinitiv, Finanztest, Frankfurt School Blockchain Center

(auf Deutsch: Wechselbeziehung) von zwei Vermögensgegenständen wird der eine im Wert steigen, wenn der andere fällt – und umgekehrt. Die zwei Vermögensgegenstände verhalten sich also zueinander wie eine Art Absicherung (siehe Kasten S. 87).

Ein einleuchtendes Beispiel wären Aktien von Sonnencreme- und Regenschirmherstellern: Scheint die Sonne in einem Jahr besonders intensiv und gibt es wenig Regen, dürfte der Sonnencremehersteller der Theorie nach profitieren. Der Regenschirmhersteller macht dagegen nicht so gute Geschäfte. Bei schlechtem Wetter verhält es sich dagegen andersherum. Hält man Aktien beider Unternehmen, macht man sein Depot unabhängiger von Wettereinflüssen.

Bei einer gering positiven Korrelation entwickeln sich zwei Assets bei Marktveränderungen zwar in dieselbe Richtung, aber der Zusammenhang ist nicht sonderlich stark ausgeprägt. Allerdings sollte man im Hinterkopf haben, dass Korrelationen niemals statisch sind, sondern sich über die Zeit verändern können. Daher sollte man rollierende Korrelationen betrachten. Wichtig zu wissen ist überdies, dass eine bestehende Korrelation nichts aussagt über die Kausalität, also die Ursache und Richtung der Wechselwirkung.

Verschiedene Untersuchungen zeigen, dass auf längere Sicht die Korrelation von Bitcoin und Ethereum zu anderen Assetklassen wie etwa internationale Aktien eher niedrig ausfällt, auch wenn sie sich zuletzt erhöht hat, wie die Grafik „Die Korrelation von Bitcoin mit dem MSCI World Index“ oben zeigt. Diese Entwicklung ist nicht verwunderlich. Sie spiegelt die steigende Akzeptanz von Kryptowerten als Anlageklasse

Maximale Verluste ausgewählter Kryptowerte vom vergangenen Höchstkurs

Dass Kryptowerte nichts für schwache Nerven sind, zeigt sich an den Kursentwicklungen von Bitcoin & Co. im Vergleich zum MSCI World. Herbe und rasche Kursverluste kamen in kurzen Abständen vor.

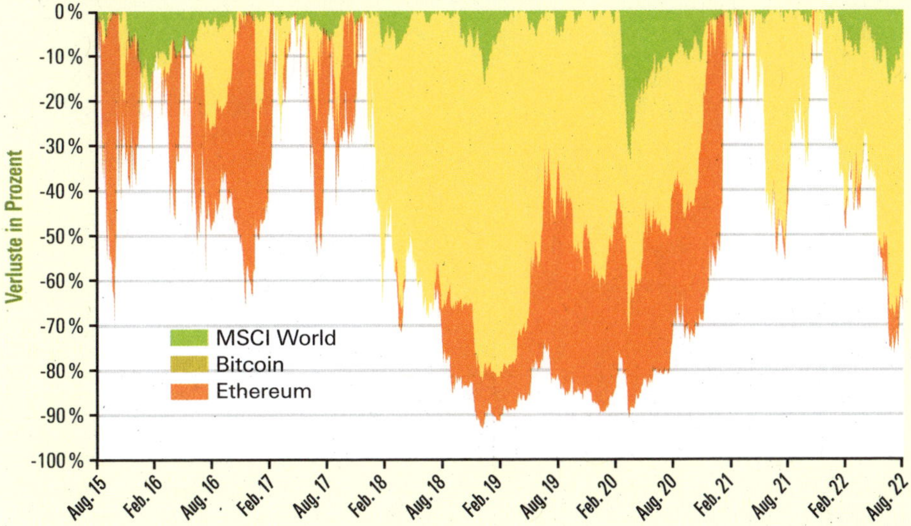

Quelle: Refinitiv

wider. Denn es gilt: Wenn immer mehr Anlegerinnen und Anleger bis dato wenig korrelierte Assets kaufen, sind diese irgendwann keine kaum korrelierten Assets mehr. Bis das so weit ist, dürfte es aber noch eine Weile dauern. Klassisch gelten auch Aktien und Anleihen als wenig korreliert, doch in der Korrektur im ersten Halbjahr 2022 verloren beide massiv an Wert. Fachleute sprachen von einem „Korrelationsschock“, als die beiden Assetklassen im Gleichtakt einbrachen und plötzlich eine unerwartet hohe Korrelation aufwiesen.

Angesichts der in den vergangenen Jahren geringen Korrelation von Bitcoin mit herkömmlichen Assets haben die Portfoliomanager Martin Leinweber und Jörg Willig verschiedene bekannte Portfolio-Strategien daraufhin untersucht, wie sie sich entwickelt hätten, wenn man 1,5 Prozentpunkte des jeweiligen Aktienanteils durch Bitcoin ersetzt hätte. Betrachtet haben sie den Zeitraum von Mitte 2011 bis Mitte 2021. Ihr Fazit lautet: Die geringfügige Beimischung hätte im betrachteten Zeitraum dazu geführt, dass die Performance der jeweiligen Depots besser ausgefallen wäre. Allerdings vollführte der Kurs des Bitcoins enorme Schwankungen, unter anderem gab es Abstürze von bisherigen Höchstkursen von bis zu 80 Prozent hinzunehmen – nichts für schwache Nerven also (siehe Grafik „Maximale Verluste ausgewählter Kryptowerte vom vergangenen Höchstkurs“ oben).

Dennoch lässt sich festhalten, dass sich die in den vergangenen Jahren niedrige Korrelation des Bitcoins zu anderen Anlagen günstig auswirkte. Trotz der für sich genommen sehr hohen Schwankungen führte das nicht zu einer Erhöhung des

Die Entwicklung der Leitzinsen seit dem Jahr 2000

Die Grafik zeigt die Leitzinsen in der Eurozone und den USA seit dem Jahr 2000. In Folge der Finanzkrise 2008/2009 wurden die Zinsen auf historisch niedrige Niveaus geschleust. Die Europäische Zentralbank leitete erst Mitte 2022 die Zinswende ein.

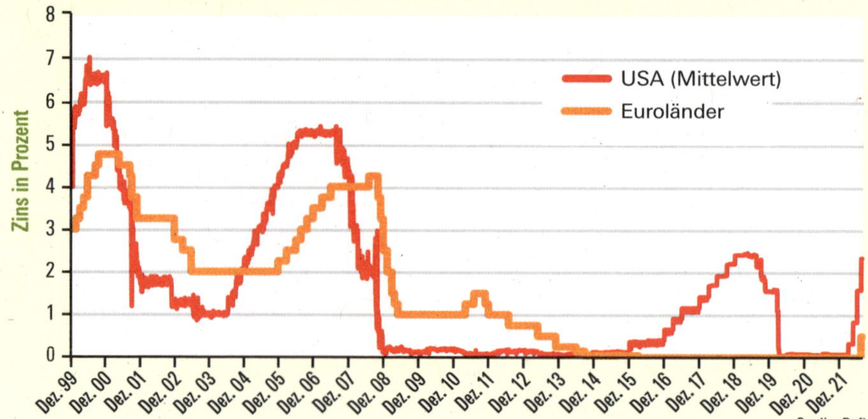

Quelle: Refinitiv

Gesamtrisikos der diversifizierten Portfolios, so das Fazit von Leinweber und Willig. Einen wichtigen Beitrag zur Risikobegrenzung lieferte auch das – oft unterschätzte – regelmäßige Rebalancing des Portfolios. Das bedeutet, dass die Portfolios regelmäßig wieder auf ihre Zielaufteilung hin angepasst wurden.

Auch das Blockchain Center der Frankfurt School of Finance hat durchgerechnet, was es bedeutet hätte, jeweils 1 Prozent Bitcoin und Ethereum in einem internationalen Aktienportfolio beizumischen. Dafür wurde davon ausgegangen, dass der Aktienanteil in einen börsengehandelten Indexfonds (ETF) auf den internationalen Aktienindex MSCI World geflossen wäre, der mehr als 1500 Unternehmen aus 23 Industrieländern repräsentiert. Die Ergebnisse zeigen, dass sich ein solches Portfolio unter geringfügig höheren Schwankungen besser entwickelt hätte als das reine Aktienportfolio. Verlässliche Aussagen für die Zukunft lassen sich daraus allerdings nicht ableiten. Anleger sollten die Ergebnisse, die für einen Nutzen einer geringfügigen Beimischung von Bitcoin sprechen, daher nicht überinterpretieren. Der betrachtete Zeitraum ist nicht sonderlich lang, da es Bitcoin bekanntlich erst seit 2009 gibt. Man sollte auch im Hinterkopf haben, dass es seit Aufkommen der Kryptowährungen nahezu durchgängig historisch besonders niedrige Leitzinsen gab. Wie sich die Notierungen der Kryptowerte in einem anderen Zinsumfeld beziehungsweise in Zeiten steigender Zinsen entwickeln (siehe Grafik „Entwicklung der Leitzinsen“ oben), dafür gab es bis vor Kurzem keine Erfahrungswerte. Inzwischen aber schon: Im aktuell unsicheren Umfeld zeigt sich, dass sich Investoren verstärkt von risikobehafteten Anlagen abwenden und in die nun besser verzinsten Anleihen fliehen. Kryptowerte sind dabei noch weit stärker unter Druck geraten als Wachstumsaktien.

Wie lässt sich der Wert von Bitcoin und Co. bestimmen?

Welchen Wert haben Kryptowerte, wann sind sie günstig oder teuer? Allseits wissenschaftlich akzeptierte Verfahren zur Bewertung fehlen bisher. Wir stellen Ihnen wichtige Ansätze vor.

Ist Bitcoin eigentlich wertlos – oder das Gold des 21. Jahrhunderts? Kaum eine Frage im Zusammenhang mit Kryptowerten dürfte so umstritten sein wie die ihrer Bewertung. Beide Lager zählen prominente Vertreter in ihren Reihen – und so manch einer hat in den letzten Jahren auch seine Meinung um 180 Grad geändert. Dazu zwei Beispiele: Ein früherer Skeptiker, der seine Ablehnung von Bitcoin aufgegeben hat, ist der bekannte US-Hedgefondsmanager Ray Dalio von Bridgewater Associates. Er vergleicht inzwischen die Eigenschaften von Bitcoin mit Gold.

Auf der anderen Seite gibt es auch frühere Fans wie den US-Finanzprofessor Nassim Nicholas Taleb, der inzwischen Bitcoin stark anzweifelt. 2017/2018 lobte Taleb, der als einer von wenigen die Finanzkrise 2008/2009 kommen sah, die „Währung ohne Regierung“ noch als Lösung für immer wieder auftretende, durch das Bankenwesen ausgelöste Finanzkrisen und sprach davon, dass die bloße Existenz von Bitcoin als eine Art „Versicherung gegen eine Orwellsche Zukunft“ diene. Inzwischen warnt er vor Bitcoin als „ansteckende[r] Krankheit“ und nennt Fans der Kryptowährung schlicht „Trottel“. Den Wert von Bitcoin beziffert er auf null. Das begründet er so: „Gold und andere Edelmetalle kommen weitgehend ohne Wartung aus, sie zerfallen nicht über einen historischen Horizont und benötigen auch keine Wartung zur Wiederauffrischung ihrer physischen Eigenschaften über einen längeren Zeitraum. Kryptowährungen benötigen ein ununterbrochenes Interesse an ihnen.“ Wenn das Interesse jedoch erlösche, platze die aus seiner Sicht spekulative Blase rund um die Digitalwährung, ähnlich wie es in der Vergangenheit mit Alternativwährungen geschehen sei.

Man kann Bitcoin auch als Experiment mit unsicherem Ausgang bezeichnen. Bis dato bemisst sich der Wert von Bitcoin und anderen Kryptowerten danach, wie diese genutzt werden, welchen Wert ihre Anhängerinnen und Anhänger ihnen zuschreiben und was diese in ihnen sehen. Dieser Wert ergibt sich bei Bitcoin aus dem Zusammenspiel von Angebot und Nachfrage. Das Bitcoin-Angebot ist bekanntlich programmiert und nähert sich der Grenze von 21 Millionen Bitcoin an. Die Entwicklung des Angebots neuer Bitcoins reagiert also gar nicht auf Änderungen der Nachfrage – anders sieht es allerdings mit den Beständen bereits geschürfter Bitcoins aus.

Man kann Bitcoin auch als Experiment mit unsicherem Ausgang bezeichnen.

Auf der Nachfrageseite stehen seit Jahren Privatleute rund um den Globus, oft sind sie technikaffin und jung. Nach einem nachlassenden Interesse sieht es derzeit nicht aus, die Gruppe scheint eher zu wachsen. In den vergangenen Jahren gewannen Kryptowerte aber auch bei professionellen Investoren mehr und mehr an Bedeutung. Seit für sie immer mehr Zugangserleichterungen zum Kryptomarkt existieren, hat sich das Handelsvolumen stark ausgeweitet. Nach Angaben der Unternehmensberatung Bain & Company schnellte es zwischen 2016 und 2020 von zirka 400 Milliarden US-Dollar auf 9,6 Billionen US-Dollar hoch – das ist mehr als das Vierfache des gesamten Handelsvolumens an den großen deutschen Handelsplätzen Xetra, Börse Frankfurt und Tradegate Exchange im Jahr 2020.

Ein wichtiger Meilenstein war der Schritt der größten Futures- und Optionsbörse CME Group, die im Frühjahr 2021 den ersten börsenregulierten Future auf Bitcoin am Markt einführte. In Deutschland dürfen Fonds, die sich an institutionelle Anleger richten, gemäß neuer Regelungen im Fondsstandortgesetz nun bis zu 20 Prozent des Vermögens direkt in Kryptowerte investieren. Solche Schritte lassen Kryptowerte zunehmend auch für professionelle Investoren interessant werden. Außerdem haben inzwischen vereinzelt Unternehmen in den USA wie Tesla, Block oder MicroStrategy in Bitcoin investiert. All dies unterstützt die Nachfrageseite – und diese Nachfrage trifft auf ein Angebot, das sich künftig immer weniger stark ausweiten wird.

Fakt ist aber auch: Akademisch fundierte und allseits breit akzeptierte Bewertungsmethoden, wie sie aus der Analyse von Aktien, Anleihen und anderen Wertpapieren bekannt sind, gibt es bei Kryptowährungen derzeit nicht.

Ziel solcher Berechnungen ist es, einen fairen Wert oder eine Spanne für einen fairen Wert einer Geldanlage zu ermitteln. Was es gibt, sind verschiedene Ansätze, die in die Betrachtung von Kryptoinvestments einfließen können und sollten. Einige davon stellen wir im Folgenden näher vor. Je nach gewähltem Bewertungsansatz kommt man zu extrem unterschiedlichen Einschätzungen – im Extremfall von „komplett wertlos“ bis hin zu auf lange Sicht „extrem wertvoll“. Auch das erklärt mit, warum in der neu entstehenden Assetklasse der Kryptowerte die Preise häufig so stark schwanken.

Kein innerer Wert?

Auf der einen Seite lässt sich argumentieren, dass Bitcoin keinen inneren Wert hat – denn anders als bei herkömmlichen Fiat-Währungen wie dem Euro steht nicht zum Beispiel die gesamte Volkswirtschaft der Eurozone als „Sicherheit" dahinter. Anders als bei Aktien, die Anteile an Unternehmen verbriefen, gibt es keine Maschinen, Gebäude oder Patente, an denen Anleger einen Anteil erwerben. Anders als bei Anleihen hat Bitcoin keinen Nennwert, und es gibt kein Versprechen des Schuldners auf Rückzahlung. Anders als bei Immobilien können Anleger keinen Ertrag in Form von Mieteinnahmen erwarten. Anders als etwa Gold oder Platin hat Bitcoin auch keinen Nutzwert für Schmuck oder eine andere Verwendung. Daher ergibt sich der Wert von Bitcoin rein durch das Spiel von Angebot und Nachfrage und – ganz wichtig – durch die Akzeptanz und das Vertrauen, das ihm Nutzerinnen und Nutzer entgegenbringen.

Das lässt sich auf die kurze Formel bringen: ohne Vertrauen kein Wert. Kritiker und Kritikerinnen befürchten daher, dass der Kurs von Bitcoin allein davon getrieben sein könnte, dass immer mehr Kaufinteressierte auf den Zug springen und Bitcoins kaufen – und dadurch der Kurs steigt. Was aber, wenn auf einmal die Nachfrage einbricht, weil alle schon investiert sind? Dann könnte ein Abwärtsstrudel entstehen – ähnlich wie bei einem „Ponzi-Schema", befürchten kritische Stimmen.

→ Was ist ein Ponzi-Schema?

Benannt nach dem in den 1920er-Jahren berüchtigten US-italienischen Betrüger Charles Ponzi, ist ein Ponzi-Schema bei Finanzanlagen von folgenden Eigenschaften gekennzeichnet: Ponzi hatte eine Anlage angeboten, die 50 Prozent Rendite in 45 Tagen oder eine Verdopplung des angelegten Geldes in 90 Tagen versprach. Die Geschäfte liefen zunächst blendend, zumal Ponzi die Kunden, die ihre Gewinne ausgezahlt bekommen wollten, zunächst auch bediente. Immer mehr Leute sprangen vertrauensselig auf die Masche auf. Die Stimmung kippte, weil Ponzis Rückzahlungen ausblieben. Als herauskam, dass das Geld nicht wie zugesagt investiert worden war, sondern bloß Ponzis Reichtum gemehrt hatte, brach das System zusammen.

Ein Ponzi-Schema ist wie ein Schneeballsystem darauf angewiesen, dass die Anzahl der Teilnehmer exponentiell steigen muss, um nicht zusammenzubrechen. Als das bekannteste und wohl bislang größte und am längsten laufende Ponzi-Schema gilt der Skandal um die Wall-Street-Firma Bernhard L. Madoff Investment Securities LLC zum Höhepunkt der Finanzkrise 2008.

Bitcoin könnte sich sogar als noch schlimmer als ein herkömmliches Ponzi-Schema erweisen, argumentiert Robert

30 SEKUNDEN FAKTEN

205 238

Tonnen (circa), beträgt die Menge sämtlichen bis Ende 2021 in der Menschheitsgeschichte geschürften Golds. Das entspricht einem Würfel mit der Kantenlänge von 22 Metern.

2021

wurden rund 3500 Tonnen Gold neu gefördert. Jährlich kommt also nur eine begrenzte Menge an Gold hinzu, nämlich:

WENIGER ALS 2 %

des Volumens aller bisher geförderten Bestände. Dieser Wert ist über die Jahre recht stabil.

Quelle: World Gold Council, der Lobbyorganisation der Goldminenindustrie

McCauley, ein Wirtschaftshistoriker der Universität Oxford. Bitcoin ähnelt seiner Meinung nach einer unverzinsten Anleihe mit ewiger Laufzeit (zero-coupon perpetual). Mit anderen Worten: Bitcoin verspricht keine Rendite und keine Ablaufleistung. Daher kann er – anders als bei einem herkömmlichen Ponzi-Schema – nicht unweigerlich in einem Run enden. Die einzige Möglichkeit, wie Anleger ihre Bitcoins zu Geld machen können, ist der Verkauf ihrer Position. Daher sähe das Ende von Bitcoin seiner Meinung nach anders aus als das – zumeist spektakuläre – Ende eines typischen Ponzi-Schemas.

Ende 2021 prognostizierte McCauley bereits, dass ein möglicher Auslöser einer solchen Kryptokrise der Crash eines Stablecoins sein könnte. Ob das im Mai 2022 erfolgte Terra-Luna-Debakel solch ein Auslöser sein könnte, war zum Redaktionsschluss offen. Anders als beim Madoff-Skandal könnten sich Anleger aber keinerlei Hoffnung machen, einen Teil ihres Geldes zurückzuerhalten, so McCauley, da Bitcoin weitgehend unreguliert sei. Wer zu spät eingestiegen sei, schaue also in die Röhre.

In puncto Cashflows ähnele Bitcoin hingegen mehr einem Penny-Stock-Pump-and-Dump-Schema als einem Ponzi-Schema. Bei solch einem Schema kaufen Anleger mit einem bestimmten Interesse quasi wertlose Aktien („Penny Stocks"), dann erzeugen sie zum Teil durch Käufe untereinander und das Rühren der Werbetrommel etwa auf Social Media wie Internetforen höhere Kurse und pushen die Nachfrage – und verkaufen in die steigenden Kurse hinein. Unbedarfte Anleger steigen ein aus der Sorge, anders als andere Anleger, die bereits Gewinne erzielt haben, nicht mit von der Partie zu sein und etwas zu verpassen („Fear of missing out").

Darüber hinaus sei Bitcoin in anderer Hinsicht – nämlich von einem gesellschaftlichen Standpunkt aus – noch schlimmer als ein Ponzi-Schema, argumentiert Oxford-Professor McCauley. Denn um zu funktionieren, brauche Bitcoin Ressourcen aus der realen Welt, vor allem Strom, um die Bitcoin-Miner zu entlohnen. Ob der Beitrag zur globalen Erwärmung in diesen Strompreis eingerechnet ist, sei unklar. Bei einem Crash verliere das Kollektiv der Halter von Bitcoin all das Geld, das sie den Minern gezahlt hat, ohne Chance auf Entschädigung – und mit den Umweltauswirkungen als Kollateralschaden. Zum Thema Energieverbrauch siehe auch S. 64.

Oder bald härter als Gold?

Auf der anderen Seite finden Ansätze aus der Bewertung realer Rohstoffe auch Anwendung auf die Analyse von Bitcoin. Bitcoin, aber auch Ethereum – zumindest bis zur Umstellung auf Proof-of-Stake im September 2022 – sind bekanntlich aufwendig in der „Produktion" wegen der Ressourcen, die fürs Mining gebraucht werden (siehe S. 67). Dafür müssen Computerhardware und -software sowie sehr viel Strom „investiert" werden. Daher kann argumentiert werden, dass der Wert der Kryptowährungen sich mindestens an dem Wert bemisst, den ihre Herstellung kostet. Einige Kryptowerte könnten demzufolge also digitale Rohstoffe darstellen. Insbesondere Bitcoin gilt seinen Anhängern als „digitales Gold", Ethereum dagegen eher als „digitales Öl" (siehe auch „Ist Bitcoin digitales Gold?", S. 27; „Ist Ethereum das digitale Öl?", S. 31). Unlängst hat immerhin auch der Chef der US-amerikanischen Börsenaufsicht SEC, Gary Gensler, Bitcoin als Rohstoff bezeichnet, andere Kryptowerte dagegen nicht.

Der bekannteste Ansatz aus der Rohstoffanalyse, der vor allem auf Bitcoin übertragen wird, ist der sogenannte Stock-to-Flow-Ansatz. Er untersucht die monetären Eigenschaften von Rohstoffen, ob also etwas als Geld taugt oder eher nicht. Aber auch dieser Ansatz ist nicht unumstritten, wie wir noch zeigen werden.

Beim Stock-to-Flow-Verhältnis wird der Bestand (Englisch: Stock) eines Vermögenswerts ins Verhältnis zu der Menge des jährlich neu geschaffenen Vermögens gesetzt (Englisch: Flow). Je weniger neue Einheiten auf den Markt kommen, desto höher ist das Stock-to-Flow-Verhältnis, das als Zeichen für die „Härte" eines Vermögenswertes gilt. Es gilt der Zusammenhang: Je größer das Stock-to-Flow-Verhältnis, desto härter ein Vermögenswert. Gold weist ein – über die Jahrtausende seiner Verwendung erarbeitetes – sehr hohes Stock-to-Flow-Verhältnis aus.

Die Korrelation von Bitcoin zu Gold

Die Grafik zeigt die rollierende 3-Jahres-Korrelation von Bitcoin zum Goldpreis. Insgesamt ist die Korrelation schwach, mal korrelieren die beiden Assetklassen leicht positiv, mal leicht negativ. Seit dem Frühjahr 2021 pendelt der Wert sogar um die Nulllinie.

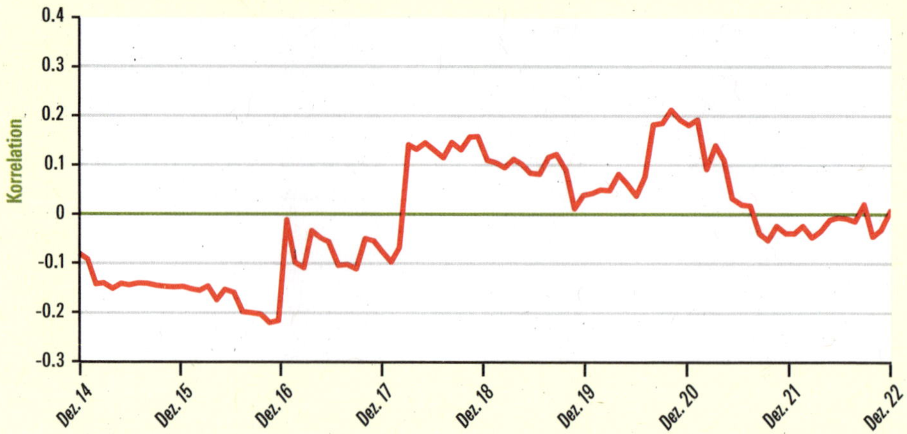

Quelle: Refinitiv, eigene Berechnungen | Stand: August 2022

Bei Bitcoin ergibt sich die schrittweise Erhöhung in seinem Stock-to-Flow-Verhältnis durch die „Halvings“: Wie Sie bereits wissen, wird etwa alle vier Jahre, genauer gesagt, immer wenn die Bitcoin-Miner 210 000 Blocks geschaffen haben, die Blockbelohnung der Miner halbiert. Sie bekommen dann für die Erschaffung eines neuen Blocks nur noch halb so viele Bitcoins wie zuvor. Beim Start des Netzwerks erhielten sie 50 Bitcoin. Nach drei Halbierungen gibt es heute nur noch 6,25 Bitcoin pro Block – wohl im Frühjahr 2024 halbiert sich der Wert erneut. Nach dem nächsten Halving erhöht sich der Härtegrad von Bitcoin auf „ein in der Menschheitsgeschichte nie da gewesenes Niveau“, so die Analyse der Bayerischen Landesbank.

Die Theorie legt nahe, dass der Preis von Bitcoin steigen sollte, je knapper das neue Angebot von Bitcoin wird, je höher also sein Stock-to-Flow-Verhältnis steigt. Aber mit dem Angebot alleine lässt sich ein Marktpreis für die Zukunft nicht schätzen.

Selbst beim Gold, das als unverwüstliche Hartwährung gilt, findet sich laut Leinweber/Willig über die vergangenen 115 Jahre kein stabiler Zusammenhang zwischen seinem Stock-to-Flow-Wert und dem Marktwert; es muss daher noch weitere Faktoren geben, die den Goldpreis beeinflussen.

Exkurs: Warum ist Gold den Menschen so viel wert?

Was macht eigentlich die Bedeutung von Gold als Reservewährung aus? Die beiden Wissenschaftler Claude Erb und Campbell Harvey haben in mehreren Studien die Entwicklung des Goldpreises und die Narrative zur Erklärung des Goldpreises untersucht und kommen zu folgenden, teils überraschenden Ergebnissen: Ja, Gold kann eine langfristige Absicherung gegen unerwartete

Inflation sein, allerdings eher über den Zeitraum von Jahrhunderten. Über kürzere Zeiträume jedoch verhält sich Gold ähnlich volatil wie der bekannte US-Aktienindex S&P 500 – und deutlich volatiler als die Teuerungsrate. Daher sei Gold zumindest für den praktikablen Anlagehorizont eines Privatanlegers zu unzuverlässig als Absicherungsinstrument gegen die Inflation, so die Wissenschaftler.

Gold ist demnach eigentlich eine riskante Anlage – und Investoren treiben die Nachfrage danach in der Hoffnung auf Profit. Dank der Existenz von Gold-ETF lässt sich inzwischen so einfach wie nie zuvor in Gold investieren. Und das könnte sich auf die Preise auswirken: Wenn „Mitläufer-Investoren an der Party teilnehmen", so die Autoren, steigen die Notierungen; weitere nehmen teil und schaffen sich ihre eigene Wahrheit – zumindest eine Zeit lang. Ein Investment in Gold umfasse daher eine Wette auf den zukünftigen Preis von Gold.

Die Autoren betonen in diesem Zusammenhang aber auch, dass der reale, also inflationsbereinigte Wert von Gold über sehr lange Zeiträume konstant bleibt. Im alten Rom wurde ein Centurio (Militärkommandant) mit 38 Unzen Gold bezahlt, das entspreche ungefähr dem Lohn eines Captains der US-Armee in heutigen US-Dollar, basierend auf dem Gold-Marktpreis. Sehr langfristig ist die reale Rendite von Gold null, was bedeute, dass Gold seinen Wert über sehr, sehr lange Zeiträume behalte.

Ein Zusammenspiel von Angebot und Nachfrage

Ähnliches wie für Gold dürfte auch für Bitcoin gelten. Ein Hauptkritikpunkt am Stock-to-Flow-Modell liegt darin, dass es einen einseitigen Schwerpunkt auf die Betrachtung der Angebotsseite von Gold oder Bitcoin legt. Ausgeblendet wird die Umlaufgeschwindigkeit der vorhandenen Bitcoins. Wenn sie aber stark zunimmt, kommt dies einer Ausweitung des Angebots gleich.

Preise sind bekanntlich ein Zusammenspiel von Angebot und Nachfrage – und die Nachfrageseite bleibt bei dem Modell völlig außer Acht. Dazu gleich mehr. Auch diverse Risikofaktoren bleiben ausgeblendet, etwa regulatorische Risiken, falls Länder – wie es China praktizierte – eine strikte Regulierung durchsetzen und Kryptowerte verbieten, ebenso IT-Risiken.

Kritiker bemängeln außerdem, dass das Modell dazu missbraucht werden könne, Menschen dazu zu verleiten, in Bitcoin zu investieren, weil es suggeriert, dass sie ihr Geld nicht verlieren könnten. Auch bleiben bei der Betrachtung andere Einflussfaktoren aus der „echten" Welt wie die Entwicklung der Geldmenge oder die realen, also inflationsbereinigten Zinssätze außer Acht. Aber auch diese Faktoren haben einen Einfluss auf die Preisbildung von Kryptowerten.

Negative Realzinsen – wenn also die Marktzinsen mit der Teuerung nicht Schritt halten – gelten demnach als günstiges Umfeld für Gold und Bitcoin, weil es weniger interessante Anlage-Alternativen gibt. Bei steigenden Realzinssätzen hingegen steigt auch die relative Attraktivität anderer Anlagemöglichkeiten wieder.

Noch etwas bleibt im Stock-to-Flow-Modell außer Acht: Kryptotoken ist nicht gleich Kryptotoken, der Anwendungsbereich des Modells ist daher begrenzt. Was bei der Analyse von Bitcoin eine gewisse Aussagekraft haben könnte, lässt sich nicht ohne Weiteres auf andere Kryptowerte übertragen. Anleger müssen also genau hinschauen, wie Token im Einzelfall ausgestaltet sind. Vor allem im Bereich der DeFi-Token gibt es Angebote, die eine Art Dividende ausschütten. So erhalten zum Beispiel Halter von Token von dezentralen Handelsplattformen einen prozentualen Anteil an den Handelsgebühren. Staking-Belohnungen wie etwa bei Ethereum oder Cardano lassen sich auch als eine Art von Zins betrachten. Bei solchen Token lassen sich daher andere Bewertungsverfahren (zum Beispiel Discounted-Cash-Flow-Methoden) anwenden – und es lässt sich zum Beispiel eine Art von Kurs-Gewinn-Verhältnis ähnlich wie bei Aktien berechnen.

Aber wie bei Aktien gilt: Die Betrachtung von Kurs-Gewinn-Verhältnissen ist nur dann sinnvoll, wenn man nicht Äpfel mit Birnen vergleicht – also wenn man Unternehmen aus einer Branche betrachtet oder eben Kryptowerte aus derselben „Familie“, die ähnliche Eigenschaften und Nutzungsmöglichkeiten aufweisen.

Was bestimmt die Nachfrage nach Bitcoin?

Die Nachfrage ist zum einen spekulationsgetrieben: Anleger erwarten weitere Preisanstiege und steigen deshalb ein. Für eine breitere Wahrnehmung von Bitcoin sind Transaktionen bekannter Unternehmen und vor allem die Integration in die allgemeinen Zahlungsprozesse von großer Bedeutung. So ermöglicht etwa Paypal in den USA den Kauf ausgewählter Kryptowährungen. Und manchmal kann ein einzelner Twitter-Tweet von Tesla-Chef Elon Musk die Bewertung von Bitcoin oder des Meme-Coins Dogecoin um etliche Milliarden US-Dollar nach oben wie nach unten treiben.

Zum anderen ist die Nachfrage aber auch fundamental getrieben: Anleger wollen Bitcoin, das „Geld ohne Regierung“ (Nassim Taleb), aufgrund seiner Eigenschaften als dezentrales, zentralbankunabhängiges Anlagegut erwerben. Ein Argument, das vor allem in Ländern mit politischen Risiken, Kapitalverkehrskontrollen, hohen Inflationsraten und drohender Abwertung der lokalen Währung verfängt.

Für die genauere Analyse der Nachfrageseite können die auf der Blockchain gespeicherten Transaktionsdaten und daraus abgeleitete Kennzahlen genutzt werden. Da die Blockchain alle vergangenen Transaktionen speichert, können Wertflüsse inklusive Herkunft und Ziel analysiert werden. Eine solche bekannte Kennzahl ist die Zahl der pro Tag auf dem Netzwerk aktiven eindeutigen Adressen (daily active addresses, kurz DAA). Ein Anstieg dieser Kennzahl wird als Zeichen zunehmender Adoption des Netzwerks gewertet. Das Argument ist hier, dass neue Nutzer neue Adressen anlegen, um ihre Werte zu speichern. Ein weiterer Indikator ist der Whale-Index, der die Anzahl eindeutiger Bitcoin-Adressen mit Guthaben von mehr als 1000 Bitcoin darstellt – er zeigt eine anhaltende Akkumulation von Bitcoin in großen Adressen an. Ein Teil davon ist wohl mit Kryptobörsen assoziiert, die auch Bestände ihrer Nutzer verwahren.

Aufschlussreich können auch die Zeitpunkte der anfallenden Transaktionen sein. So kann ermittelt werden, zu welcher Tageszeit Transaktionen vorgenommen werden. Dies erlaubt mit Einschränkungen Rückschlüsse auf die geografischen Regionen, in denen Nutzer aktiv sind. Neben Transaktionsdaten spielen aber auch Nachrichten eine große Rolle. Staatliche Eingriffe können – etwa konstruktive Regulierung – die Nachfrage stimulieren. Im Gegensatz dazu reduzieren Nutzungseinschränkungen oder Verbote die Nachfrage.

Auch Hacker-Angriffe auf Kryptohandelsplätze hatten in der Vergangenheit für Unsicherheiten gesorgt, mit fallenden Kursen als Folge. Interessant zu beobachten sind die Nachrichten aus der Finanzwelt, wenn große Finanzunternehmen Schätzungen zum Bitcoin-Preis abgeben oder ankündigen, ihren Kunden Kryptowerte zugänglich zu machen.

Die Bedeutung von Netzwerkeffekten

Des Weiteren sind bei der Kryptoadoption – ähnlich wie beim Internetboom um die Jahrtausendwende – auch Netzwerkeffekte zu berücksichtigen (siehe „Metcalfe's Law“, S. 100). Wichtig ist zum Beispiel die Beobachtung, dass die meisten neuen Technologien entlang einer S-Kurve übernommen werden, bis es schließlich zu einer gewissen Sättigung kommt.

Netzwerkeffekte sind nicht nur bei Bitcoin, sondern vor allem auch bei der Analyse der zweitgrößten Kryptowährung Ethereum zu berücksichtigen. Ethereum ist bekanntlich von großer Bedeutung als Plattform für dezentralisierte Finanzanwendungen (DeFi), ebenso für dezentralisierte Apps (dApps) und sogenannte Smart Contracts.

→ Was hat Ethereum mit App-Stores gemeinsam?

Anders als bei Bitcoin lautet die Investmentthese von Ethereum nicht, durch Knappheit Wert zu erzeugen, sondern durch ein laufend größer werdendes Netzwerk – vielleicht vergleichbar mit einem App-Store: Je mehr Apps in einem App-Store verfügbar sind, desto interessanter ist das Angebot des Stores und zieht weitere Nutzer und Entwickler an.

Auf Ethereum und andere Smart-Contract-Blockchains wie Polkadot, Cardano oder Tron übertragen, heißt das: Je mehr die genannten Blockchains für die Entwicklung sowie den Abschluss von Smart Contracts genutzt werden, desto interessanter werden sie. Daher ist die Anzahl der auf den Plattformen verifizierten Smart Contracts eine interessante Kennzahl, um Ethereum & Co. zu bewerten. Ähnliches gilt für die Entwicklung der Anzahl aktiver Adressen (DAA, siehe S. 99). Mit dem Aufstieg des Internets und von Social Media sind wichtige Netzwerke (zum Beispiel Meta, Twitter oder TikTok) entstanden, deren Bedeutung und Marktwert nicht nur von der schieren Anzahl ihrer Nutzer, sondern auch von deren Vernetzung untereinander abhängt.

→ Metcalfe's Law

Den Netzwerkeffekt machte Robert Metcalfe populär. Er ist einer der Miterfinder des Ethernets (das ist eine Technik, auf der kabelgebundene Netzwerke basieren) und Mitbegründer des Netzwerkausrüsters 3Com Corporation. Der Effekt beschreibt, wie sich der Nutzen und damit auch der potenzielle Wert eines Netzwerks in Abhängigkeit von seiner Teilnehmerzahl ändert. Ein Netzwerk braucht demnach eine gewisse Größe, damit der Nutzen die Kosten des Netzwerkaufbaus übersteigt.

Laut Metcalfe steigen die Kosten für den Aufbau eines Netzwerks proportional zur Anzahl seiner Nutzer an, während der Nutzen und damit der Wert des Netzwerks überproportional viel stärker zunimmt.

Das Modell wurde später modifiziert. So wurde zum Beispiel konstatiert, dass es bei sehr großen Netzwerken ab einem gewissen Punkt einen zunehmend geringeren Nutzen zusätzlicher Teilnehmer gibt (S-Kurven-Verlauf).

Bei Kryptowerten wie Bitcoin und Ethereum profitieren die Besitzer der Token von der steigenden Adoption des jeweiligen Netzwerks. Je größer ein Netzwerk, desto stärker dürfte sein Nutzen und daher auch seine weitere Anziehungskraft sein. Das Metcalfe-Modell kann daher ebenfalls einer von mehreren Aspekten sein, mit deren Hilfe Anleger Kryptoassets bewerten können.

Weitere wichtige Gesichtspunkte für die Analyse von Kryptowerten

Eine Grundregel der Geldanlage lautet bekanntlich: Kaufe nur, was du verstehst. Auf Kryptowerte übertragen bedeutet das: Machen Sie sich genau mit dem Konzept eines Kryptowertes vertraut. Denn digitale Assets sind, wie wir gesehen haben, eine ziemlich heterogene Gruppe – auch wenn sich die Kurse der Altcoins und der von Bitcoin noch immer recht ähnlich entwickeln.

In Zukunft kann sich das ändern, je mehr sich die Märkte und Anwendungsfelder entwickeln. Dazu empfiehlt es sich, das jeweilige White Paper anzuschauen, um ein Projekt genauer zu durchleuchten und zu verstehen, worin seine jeweiligen Werttreiber liegen können. Fragen Sie sich, wie dezentral ein Projekt organisiert ist – oder ob einzelne Interessengruppen womöglich eine Mehrheit an einem Projekt haben.

Bei kleineren Token lässt sich insbesondere die Marktkapitalisierung durch interessierte Kreise leichter beeinflussen. Das gilt vor allem, wenn sich der Großteil der existierenden Token in den Händen weniger Eigentümer befindet, der sogenannte Free Float also gering ist. Dann können schon wenige kleine Transaktionen den Preis und damit die Marktkapitalisierung deutlich steigen oder fallen lassen. Schlimmstenfalls stecken hinter den Modellen Betrüger (siehe „Scam: Neuer Trend Rug Pull“, S. 70, sowie die Checkliste „Gaunereien entlarven“ auf S. 71).

Neben der bereits erreichten Marktkapitalisierung eines Kryptowerts ist auch sein Handelsvolumen ein interessanter Indikator: Nimmt es mit der Zeit zu, deutet das auf ein weiter steigendes Interesse an diesem Wert hin. Denn die Liquidität in einem Token ist auch ein Indikator für das Risiko, das Anleger bei einem Investment eingehen. Die Liquidität ist außerdem ein Maßstab dafür, wie einfach es ist, einen Vermögenswert wieder zu Geld zu machen, und zwar ohne dass diese Transaktion den Preis selbst verändert. Je liquider ein Token ist, desto rascher und günstiger können Anleger Käufe und Verkäufe darin abwickeln. Das Interesse der Krypto-Anhänger kann aber auch abrupt abbrechen (siehe „Ponzi-Schema“, S. 93).

Doch wo bekommen Anleger derzeit verlässliche Informationen über Marktkapitalisierung und Liquidität von Kryptowerten? Da es eine Vielzahl an zentralen und dezentralen Handelsplätzen von Kryptowerten gibt, ist das nicht ganz trivial. Zudem unterliegen die Transaktionen von Kryptowerten keiner standardisierten Handelsüberwachung – anders als an streng regulierten Wertpapierbörsen. Krypto-Interessierte sind daher gut beraten, sich die Kurse und Handelsvolumina von Token an mehreren Handelsplätzen anzusehen – und sich von Token mit geringem Free Float und geringer Liquidität fernzuhalten.

Der Datenanbieter Coinmarketcap (er gehört inzwischen zu Binance, dem gemessen am Handelsvolumen größten Kryptohandelsplatz weltweit) nennt eine Zahl von weltweit mehr als 500 Handelsplätzen (Stand: 26. Mai 2022), von denen der Großteil nicht reguliert ist. Ein anderer bekannter Datenanbieter wie Coingecko zählt bereits über 600 Handelsplätze.

Anleger sind daher gut beraten, sich gründlich auf verschiedenen Plattformen wie Coinmarketcap, coingecko oder etwa messari.io zu informieren und auf die Handelsaktivitäten an den bekanntesten Handelsplätzen wie Binance oder Coinbase zu achten.

Kryptowerte kaufen

Sie möchten trotz aller Risiken gezielt einen kleinen Betrag in Kryptowerte investieren? Hier stellen wir Ihnen vor, welche verschiedenen Möglichkeiten zum Kauf von Kryptowerten es gibt und wie Sie sie am besten verwahren.

Sie erwägen, Bitcoin, Ether oder andere Kryptowerte zu kaufen, und wollen wissen, wie man dabei geschickt vorgeht. Wo ist es besonders günstig, welche Anbieter sind gut? Wie und bei welchem Anbieter ist es unkompliziert, und vor allem: Wo sind die Token sicher verwahrt? Braucht man dafür unbedingt ein Wallet? Fragen über Fragen, die wir in diesem Kapitel im Detail erklären. Noch sind die Angebote in den einzelnen Bereichen relativ überschaubar, doch sie nehmen ständig zu. Und die Konditionen, die Art der Angebote und auch die damit verbundenen Risiken sind zum Teil recht unterschiedlich.

So können Sie zum Beispiel Token bei einem Onlinebroker in Deutschland kaufen und sie dort über einen Verwahrpartner auch aufbewahren lassen. Diesen Weg wählen viele Einsteigerinnen und Einsteiger, da er bequem ist. Das gilt auch für börsengehandelte Papiere, sogenannte Exchange Traded Notes (ETN), die an der Börse wie Aktien gehandelt und in einem herkömmlichen Wertpapierdepot verwahrt werden. Fortgeschrittene hingegen kaufen Kryptowerte meist an etablierten Handelsplätzen und verwahren ihre Token bevorzugt selbst in einem eigenen Wallet – auch hier gibt es einiges zu beachten.

Wenn Sie Kryptowerte kaufen wollen, sollte die Auswahl primär von Ihren persönlichen Präferenzen abhängen. Manche haben Spaß daran, direkt an einer Kryptobörse zu handeln, während andere nicht eigens ein neues Konto eröffnen oder gar ein Wallet anlegen möchten. Und noch ein Aspekt, der frühzeitig einen Blick lohnt: die Steuer. Wie so oft hat die Wahl der Anlageform unterschiedliche steuerliche Folgen. Alles Wichtige dazu erfahren Sie im nächsten Kapitel. Hier geht es zunächst einmal um die verschiedenen Möglichkeiten, Bitcoin & Co. zu erwerben und zu verwahren.

So starten Sie in den Kryptohandel

Es gibt inzwischen etliche Möglichkeiten, Kryptowerte zu kaufen und zu verkaufen. Vor allem für Einsteiger könnten die Angebote deutscher Broker von Interesse sein.

Sie haben sich entschieden und möchten trotz der Ihnen nun gut bekannten hohen Risiken Kryptowerte kaufen? Bevor es losgeht, benötigen Sie zunächst einmal eine „Verwahrstelle" dafür. Bei Aktien, Investmentfonds und sonstigen Wertpapieren erfüllt diese Aufgabe das Wertpapierdepot, das Sie bei einer Bank eröffnen. Ein Wertpapierdepot brauchen Sie auch, wenn Sie zum Beispiel Investmentzertifikate auf Kryptowährungen erwerben möchten (mehr dazu unter „Angebote der Banken", S. 129). Für direkte Investments in echte Kryptotoken wie Bitcoin oder Ethereum brauchen Sie hingegen ein Wallet.

Wörtlich aus dem Englischen übersetzt bedeutet Wallet so viel wie Geldbörse oder Brieftasche. Im Falle von Kryptowerten sollten Sie allerdings eher an einen Schlüsselbund als an eine Geldbörse denken. Denn im Wallet werden nicht die Kryptotoken als solche aufbewahrt, die verbleiben nämlich immer auf ihrer jeweiligen Blockchain, sondern die Zugangsscodes.

Wichtig zu wissen: Während Sie Aktien, Investmentfonds oder Anleihen – von Ausnahmen abgesehen – nicht selbst verwahren können, ist das bei Kryptowerten nicht nur möglich, sondern sogar ziemlich gängig. Ein bekanntes Mantra in der Kryptoszene lautet nämlich: „Not your keys, not your coins“, sprich: Nur wer selbst den Private Key zu seinen Token verwahrt, hat die umfassende Kontrolle über seine Token – steht aber auch selbst vollumfänglich in der Verantwortung und muss selbst für die nötige Sicherheit sorgen. Mehr dazu siehe „Wallets für Anfänger sowie für Profis“, S. 116.

Wer das Verwahren lieber nicht selbst übernehmen möchte, kann seine Kryptowerte auch bei Handelsplätzen oder speziellen Verwahrstellen aufbewahren lassen. Dann muss man sich aber auf den Dienstleister und seine Sicherheitsvorkehrungen verlassen können. Die Kryptoverwahrung ist in Deutschland inzwischen eine regulierte und beaufsichtigte Finanzdienstleistung; die Bundesanstalt für Finanzdienstleistungsaufsicht (Bafin) informiert auf ihrer Website über alle Unternehmen mit einer Kryptoverwahrlizenz. Bislang (Stand: Juni 2022) sind erst vier Anbieter lizenziert, weitere Kryptoverwahrer arbeiten mit einer vorläufigen Verwahrlizenz.

In Deutschland haben Sie verschiedene Möglichkeiten, wo und wie Sie Kryptowährungen kaufen, verwahren und verkaufen können. Zum einen gibt es die – häufig im Ausland – ansässigen Kryptobörsen. Eigentlich ist der Begriff „Börse“ etwas irreführend, denn der Begriff suggeriert womöglich eine vergleichbar strenge Regulierung inklusive staatlicher Handelsüberwachung, wie man sie von Wertpapierbörsen hierzulande kennt. So etwas gibt es an den internationalen Kryptohandelsplätzen jedoch nicht. Viele, wenn auch nicht alle, sind wenig bis kaum reguliert. Das erhöht die Risiken, vor allem, wenn die Kryptotoken dort verwahrt werden. Dann besteht die große Gefahr, dass Kryptotoken „verloren“ gehen können, wenn eine Kryptobörse gehackt wird, wie es in der Vergangenheit bereits etliche Male spektakulär geschehen ist (siehe

Steuerliche Auswirkungen. Vor dem Kauf von Kryptowerten lohnt es, sich Gedanken um die Anlagedauer und Handelsfrequenz zu machen. Denn die steuerliche Handhabe ist unterschiedlich. Im Detail stellen wir diese ab S. 131 vor. Allgemein gilt: Wer Kryptowerte mindestens zwölf Monate hält, kann die Gewinne steuerfrei kassieren – aber nur, wenn direkt in Kryptowerte investiert wird oder in Papiere, die eine Auslieferung von Kryptowerten ermöglichen. Wer jedoch ein börsennotiertes Wertpapier kauft, zahlt ganz unabhängig von der Haltedauer auf Kursgewinne 25 Prozent Kapitalertragsteuer, Verluste können gegengerechnet werden.

Skandal um Mt. Gox auf S. 76). Der Begriff „Börse" dient uns daher hier als Bezeichnung für die angebotene Funktionalität.

Zum Zweiten gibt es Kryptomarktplätze, die lediglich als Plattform dienen, auf denen Käufer und Verkäufer ihre Angebote einstellen können. Finden sie zum Beispiel für die von ihnen angebotene Menge zum gewünschten Preis einen Käufer für ihre Kryptos, wechseln diese den Eigentümer.

Ein bekanntes Mantra in der Kryptoszene lautet: „Not your keys, not your coins." Wer das beherzigen will, steht aber in der Verantwortung, sich eigenständig um die Sicherheit seiner Kryptowerte zu kümmern.

Und last but not least gibt es mittlerweile die Möglichkeit, Käufe von Kryptowerten wie Bitcoin oder Ethereum über in Deutschland beheimatete Onlinebroker abzuwickeln. Lange Zeit war das lediglich bei ausländischen Anbietern möglich, die allerdings nicht der deutschen Finanzaufsicht unterstanden.

Schwerpunkt unseres Überblicks hier sind die in Deutschland beheimateten Broker und Handelsplattformen, die von der deutschen Finanzaufsicht Bafin überwacht werden und die den Handel von Kryptowerten anbieten. Da für Einsteigerinnen und Einsteiger das Angebot von Onlinebrokern am intuitivsten ist, stellen wir Ihnen diese Möglichkeit als Erstes vor. Im zweiten Schritt erklären wir den Handel über Kryptobörsen und Marktplätze.

Kryptowerte bei deutschen Onlinebrokern kaufen

Echte Kryptotoken bei einem regulären Depotanbieter kaufen – und sozusagen „Tür an Tür" mit ETF, Aktien und anderen Wertpapieren verwahren lassen? Der Clou an dem Angebot: So lassen sich Kryptowerte und herkömmliche Wertpapiere aus einem Depot heraus handeln. Ein eigenes Wallet ist dafür nicht nötig. Das macht den Kryptohandel für Neulinge, die sich an das Thema herantasten, einfacher und bequemer.

Bis vor Kurzem gab es so etwas hierzulande nicht. Das änderte sich erst, als der deutsche Neobroker Justtrade im Herbst 2020 den Kryptohandel startete – und bald Nachahmer fand: Im Frühjahr 2021 brachte der in Deutschland bekannteste Neobroker Trade Republic sein Kryptoangebot auf den Markt. Inzwischen sind wenige weitere Anbieter hinzugekommen. Sogar die ersten Genossenschaftsbanken sowie eine erste Sparkasse ermöglichen ihren Kunden den Kryptohandel. Weit verbreitet ist der Kryptohandel bei deutschen Depotanbietern derzeit nicht. (Siehe detaillierte Übersichtstabelle im Hilfe-Abschnitt, ab S. 148.)

→ So ist der Kryptohandel über Onlinebroker organisiert

Anlegerinnen und Anleger unterhalten ein Wertpapierdepot beim Broker. Ihre Käufe und Verkäufe wickelt der Broker über einen Market Maker ab, der die Kryptowerte für die Anleger beschafft. Treuhänderisch verwahrt werden die erworbenen Kryptos bei einer Kryptoverwahrstelle in sogenannten Sammelwallets – insbesondere aus Kostengründen. Denn wenn man jede einzelne Kundenorder auf der jeweiligen Blockchain ausführen müsste, wäre das teuer. Wegen der Verwahrung in Sammelwallets muss daher über internationale Handelsplätze immer nur eine Art Spitzenausgleich vorgenommen werden, wenn sich die Bestände innerhalb des Sammelwallets deutlich verändern. Aber selbstverständlich soll nach Auskunft aller Anbieter jederzeit sichergestellt sein, dass eindeutig feststeht, welchem Endkunden welche und wie viele Kryptos gehören.

Die meisten Kryptowerte im Angebot – 51 an der Zahl – offerierte zum Zeitpunkt der Untersuchung von Finanztest Trade Republic, gefolgt von Kryptopionier Justtrade sowie der im Sommer 2021 gestarteten Coindex, einem Angebot der Sutorbank. Da beide mit demselben Verwahrpartner zusammenarbeiten, verwundert es nicht, dass sie auch dieselbe Kryptoauswahl anbieten – insgesamt 21 an der Zahl. Bei Bison, ein spezialisierter Kryptoanbieter und kein herkömmlicher Onlinebroker, der zur Gruppe Börse Stuttgart gehört, waren es sieben Kryptowerte.

Verglichen mit dem Angebot an den internationalen Kryptobörsen, wo man Hunderte verschiedener Token kaufen kann, ist die Palette bei den deutschen Onlinebrokern zwar eher schmal. Da wir uns in diesem Buch aber primär auf Bitcoin und Ethereum, also die bedeutendsten und nach Marktkapitalisierung größten Kryptowerte beschränken, dürfte das Angebot für die meisten Privatleute hinreichend groß sein. Nach Angaben von Coindex decken die dort handelbaren Kryptos durchschnittlich etwa 80 Prozent der Krypto-Marktkapitalisierung ab. Die bekanntesten Werte – Bitcoin, Ethereum, aber zum Beispiel auch Bitcoin Cash und Litecoin – sind bei allen Anbietern zu haben.

Keine Hürden stellen auch die Mindestauftragsvolumina dar: Bei Justtrade sind es 50 Euro, bei Coindex ein Euro. Bei Trade Republic sind es bei Bitcoin-Aufträgen 10 Euro. Das Mindesthandelsvolumen hängt bei diesem Anbieter vom jeweiligen Kryptowert ab. Gleiches gilt hier für den Maximalwert. Bei den übrigen Anbietern darf man für maximal 100 000 Euro pro Einmalkauf (so zum Beispiel bei Bison und Justtrade) kaufen; bei Coindex sind Sparplanorders auf Raten von 10 000 Euro gedeckelt.

Checkliste

Ein Depot eröffnen

Ein Depot ist schnell eröffnet.

- ☐ **Ausfüllen:** Beim ausgewählten Anbieter müssen Sie zunächst die Depot-/Kontoeröffnungsstrecke auf der Website durchlaufen und geben die erforderlichen Angaben zu Ihrer Person ein.
- ☐ **Legitimieren:** Als Nächstes müssen Sie sich legitimieren. Gängig ist inzwischen das Video-Ident-Verfahren, über das man sich während eines Video-Gesprächs mithilfe seines Personalausweises legitimieren kann. Es wird (mitunter) aber auch noch das Post-Ident-Verfahren angeboten, bei dem man mit seinem Ausweis zu einer Postfiliale geht.
- ☐ **Ändern:** Zum Teil direkt nach der Video-Legitimierung erhält man Kontonummer und Passwort, das man nach dem ersten Login abändern sollte.
- ☐ **Überweisen:** Hat man Geld überwiesen, ist das Depot startklar – egal ob für den Kauf von Wertpapieren oder Krypto-Token.

→ Apropos Sparpläne

Was aus dem Wertpapierbereich bereits sehr bekannt und dort weit verbreitet ist, gibt es inzwischen auch für Kryptowerte, etwa bei den Anbietern Bison, Coindex und Trade Republic. Bei Pionier Justtrade sind Sparpläne auf Kryptoassets noch in der Planung, Sparpläne auf Kryptozertifikate (mehr dazu auf S. 117) finden sich dort bereits. Mithilfe von Sparplänen lässt sich bekanntlich regelmäßig und quasi automatisiert in einen Anlagewert investieren.

Die Kosten des Kryptohandels

Im Detail gibt es einige Unterschiede zwischen den Anbietern; den Anbieter Nuri (vormals Bitwala) listen wir wegen des im August 2022 eröffneten Insolvenzverfahrens hier nicht auf, da er keine Neukunden mehr annimmt:

- **Bison,** die 2019 gestartete Krypto-App der Börse Stuttgart (siehe Kasten, S. 110), verdient ihr Geld über den Spread von zirka 0,75 Prozent, also der Spanne zwischen den angezeigten An- und Verkaufspreisen. In Marktsituationen mit hoher Volatilität, wenn der Markt also stark schwankt, können es auch mal ein paar Basispunkte mehr sein. Weitere Kosten – etwa für Verwahrung oder Plattformgebühren oder Ein- und Auszahlung von Kryptowährungen – fallen nicht an.

- **Trade Republic** offeriert den Handel mit Kryptos provisionsfrei. Kostenlos ist er trotzdem nicht. Es fallen 1 Euro Fremdkosten pro Auftrag an, hinzu kommt der „marktübliche Spread“, wie es beim Broker heißt. Dieser beläufit sich auf 1 Prozent.
- **Marktpionier Justtrade** bietet den Kauf vergleichsweise günstig an: Dort kostet ein Krypto-Trade 0,3 Prozent, der Spread und auch die Kosten für die Verwahrung sind hier schon eingerechnet und fallen nicht gesondert an.
- **Coindex** verlangt dagegen – anders als die anderen Anbieter – zunächst eine Art Depotgebühr in Höhe von 1 Prozent pro Jahr. Sie wird monatlich auf Grundlage des Portfoliowertes errechnet. Zur Zahlung wird ein Teil des Kryptowerts mit der größten Gewichtung im jeweiligen Kundenportfolio verkauft. Steuerlich kann das ein Nachteil sein (Details siehe „Kryptowerte richtig versteuern“ S. 132). Darüber hinaus schlagen Käufe und Verkäufe mit 0,5 Prozent des Auftragswerts zu Buche. Das im Sommer 2021 gestartete Angebot der Sutor Bank spezialisiert sich auf indexbasierte oder individuelle Portfolios. Indexbasierte Portfolios sollen algorithmisch und passiv datengetrieben die Entwicklung des Kryptomarkts nachzeichnen. Dazu hat der Anbieter einen eigenen Kryptoindex gebildet, um den Markt abzubilden. Anleger sollen auf diese Weise über Kryptosparpläne breiter gestreut auf einen Schlag gleich in mehrere Kryptos investieren können.
- **Coinpanion:** Der erst im Mai 2022 in Deutschland gestartete österreichische Anbieter Coinpanion vermittelt Investments sowie auch Sparpläne in bestimmte Kryptoportfolios etwa zu Themen wie Metaverse oder Decentralized Finance. Seine Kosten belaufen sich allerdings auf 2 Prozent pro Jahr. Er ist in unserer Übersichtstabelle auf S. 154/155 noch nicht enthalten.

Angebot an Ordertypen variiert

Unterschiede zwischen den Brokern gibt es auch bei den angebotenen Ordertypen. Bei Justtrade läuft der Handel per Quote-Request-Verfahren. Das bedeutet, dass Kundinnen und Kunden zunächst eine bestimmte Stückzahl anfragen, die sie kaufen oder verkaufen möchten. Dann bekommen sie einen Preis angezeigt, zu dem sie innerhalb einer kurzen Zeitspanne ihre Order aufgeben können. Sie kennen also den genauen Kurs, zu dem ihr Auftrag abgerechnet wird, vor Orderfreigabe. Bei anderen Anbietern sind nur sogenannte Market-Order möglich, abgerechnet wird also zum nächsten Kurs, den man vorher nicht sieht. Und wenn es schlecht läuft, dann kann der deutlich abweichen von dem vorherigen abgerechneten Kurs. Bei Bison, der Krypto-App der Börse Stuttgart, sind neben einer Market-Order indes auch limitierte Aufträge möglich.

Einliefern und Ausliefern von Kryptos ist nicht überall möglich

Wer bereits Kryptowährungen besitzt, könnte auf die Idee kommen, sie bei seinem Broker einliefern zu wollen. Bei den drei Anbietern Coindex, Justtrade oder Trade Republic ist die Einlieferung von Kryptowerten derzeit nicht möglich, wohl aber bei Bison und der BSDEX, dem offiziellen Kryptohandelsplatz der Börse Stuttgart. Die beiden genannten Anbieter ermöglichen auch das Ausliefern von Kryptowährungen an privat gehostete Wallets, was wiederum auch bei Coindex geht.

Weitere Institute stehen in den Startlöchern

Es ist absehbar, dass die Zahl der klassischen Banken und Broker, die ihren Kundinnen und Kunden den Handel von Kryptowerten anbieten, weiter steigen wird. So offeriert mit der Volksbank Raiffeisenbank Bayern Mitte eG seit Kurzem eine erste Genossenschaftsbank ein eigenes Kryptoangebot für den Kauf von Bitcoin. Die Bank hat angekündigt, auch einen eigenen Bitcoin-Automaten in ihrer Hauptstelle in Ingolstadt aufzustellen. Dort sollen sich dann Eurobanknoten gegen Bitcoin eintauschen lassen. Bei der Verwahrung der Bitcoin setzt die Genossenschaftsbank auf die Eigenverwahrung durch die Kundinnen und Kunden über eine spezielle Form der Cold Wallet: Diese bekommen die „VR-BitcoinGoCard" als Speichermedium für ihren Private Key. Die Karte müssen sie eigenverantwortlich aufbewahren (mehr dazu siehe „Wallets für Anfänger sowie für Profis" ab S. 116).

Weitere kleine Genossenschaftsbanken und eine Sparkasse arbeiten mit der Börse Stuttgart zusammen, um ihren Kunden Zugang zum Kryptohandel zu ermöglichen. Die Anlage in Kryptowerte empfehlen die Institute aber explizit nicht, Beratung dazu

---

Bison ist eine Krypto-Trading-App der Börse Stuttgart. Nach der Registrierung mit E-Mail und Passwort können Nutzerinnen und Nutzer im Demo-Modus die Funktionen von Bison ausprobieren und mit virtuellem Spielgeld Kryptowerte handeln. Wer echte Kryptos erwerben will, handelt auf der Plattform mit dem Market Maker Euwax AG, die treuhänderische Verwahrung erfolgt dann bei der Blocknox GmbH; beide gehören zur Gruppe Börse Stuttgart. Bankpartner ist die Solarisbank AG. Neben Bison gibt es noch die Börse Stuttgart Digital Exchange (BSDEX), die sich an versierte, trading-affine Käufer sowie institutionelle Investoren richtet.

gibt es ebenfalls nicht. Der Deutsche Sparkassen- und Giroverband (DSGV) hat sich Mitte 2022 dagegen entschieden, dass die Sparkassen den Handel mit Kryptowerten anbieten. Es sei Aufgabe der Sparkassen, „Kundinnen und Kunden vor unkalkulierbaren Risiken zu schützen", heißt es beim DSGV. Einem Komplettverbot kommt das aber nicht gleich, denn jede einzelne der gut 360 deutschen Sparkassen kann für sich entscheiden, den Kryptohandel zum Beispiel über Partnerunternehmen einzuführen. Allerdings hat sich der DSGV dafür ausgesprochen, eine „Verwahrlösung von tokenisierten Assets" wie zum Beispiel tokenisierte Immobilien oder Kunstwerke anzubieten. Details dazu waren bis Redaktionsschluss noch offen.

Der Onlinebroker FlatexDegiro hat den Marktstart seines Kryptohandels für den Herbst 2022 angekündigt und setzt dabei auf eine Kooperation mit Bison aus der Gruppe Börse Stuttgart (siehe Kasten links). Die Konditionen des Angebots sollen denen von Bison ähneln.

Auch die Onlinebank N26 hat den „echten" Kryptohandel angekündigt, ebenso die Finanzplattform Vivid Money, auf der bereits bestimmte Kryptoderivate (Krypto-CFD) handelbar sind (mehr dazu auf S. 129). Und Paypal will sein in den USA und Großbritannien bereits freigeschaltetes Krypto-Tool dem Vernehmen nach in Zukunft auch seinen gut 20 Millionen deutschen Kunden anbieten.

→ Gibt es Bitcoin an Automaten zu kaufen?

Bis 2020 war das Aufstellen von Bitcoin-Automaten ohne jegliche Erlaubnis in Deutschland umstritten. Dann stellte die Finanzaufsicht Bafin klar, dass es dann erlaubt ist, wenn der Betreiber über eine Lizenz im Sinne des Eigenhandels nach dem Kreditwesengesetz oder zur Finanzkommission verfügt. Mittlerweile gibt es Anbieter wie das österreichische Unternehmen Kurant, das als Partner im Auftrag der Sutor Bank auch in Deutschland Automaten aufstellen und betreiben darf. Die Sutor Bank ist für den Betrieb aufsichtsrechtlich gegenüber der BaFin verantwortlich. Interessierte müssen sich vor der Nutzung der Automaten online registrieren und eine Wallet-App auf ihr Smartphone laden. Die Anzahl der Automaten ist in Deutschland aber noch immer sehr überschaubar.

In anderen Ländern sieht es anders aus. Weltweit gibt es um die 50 000 Kryptoautomaten, wovon circa 1400 in Europa stehen. Vorreiter sind die USA, dort finden sich ca. 33 000 Automaten. Infos zu Standorten gibt es zum Beispiel unter https://coinatmradar.com. Zu beachten ist bei Bitcoin-Automaten jedoch, dass die Kosten in aller Regel deutlich höher sind als an den üblichen Handelsplätzen, da Betrieb und Wartung Geld kosten. Vor der Nutzung eines Bitcoin-Automaten ist es ratsam, die Gebühren sowie den angebotenen Abrechnungskurs zu prüfen.

Vorsicht vor dubiosen Brokern

Sie heißen cryto-fin.net, kryptoinv.de, bitcoin primeapp.com/de oder bitcoin.buyer.de – dies sind nur vier von etlichen dubiosen Webadressen vermeintlicher ausländischer Kryptoanbieter, denen die deutsche Finanzaufsicht Bafin allein in den ersten Monaten von 2022 die Geschäfte in Deutschland untersagt hat.

Diese und ähnliche „Onlinebroker" waren ohne die erforderliche Erlaubnis der Finanzaufsicht tätig – und dienen oft vor allem dem Zweck, unerfahrene Menschen um ihr Geld zu erleichtern. Die BaFin warnt daher eindringlich davor, auf dubiose ausländische Kryptoplattformen reinzufallen.

Anlagetipps, die speziell in sozialen Medien zu Kryptowerten, aber auch zu anderen Finanzprodukten kursieren, sind meist falsch, irreführend oder frei erfunden. Häufig werden aber dubiose Kryptoangebote besonders aggressiv von Financial Influencern („FinFluencer") vermarktet, also von Personen, die auf Social-Media-Kanälen Werbung für diese Angebote machen.

Wenn Sie Angebote prüfen, sollten hier Ihre Alarmglocken schrillen:

- **Weder Impressum** noch sonstige Informationen zum Geschäftssitz des Anbieters lassen sich auf dessen Website finden.
- **Das Unternehmen** ist nicht in der Unternehmensdatenbank der BaFin (siehe bafin.de) zu finden.
- **Übt der Anbieter Zeitdruck aus** und erweckt in Ihnen die Sorge, eine gute Chance zu verpassen („fear of missing out – FOMO"), hat er meistens keine lauteren Absichten.
- **Lassen Sie sich nicht blenden** von vielen Followern, Likes oder positiven Kommentaren, das sagt wenig über die Seriosität oder Qualität eines Webauftritts oder einer Empfehlung aus, denn es ist ohne Weiteres möglich, solche Angaben zu manipulieren.
- **Aggressive Vermarktung** über „FinFluencer": Überlegen Sie, welche finanziellen Motive ein Tippgeber hat; oft finanzieren sich „FinFluencer" über Vermittlungsprovisionen.
- **Hohe Gewinnversprechen** werden Ihnen gemacht, aber Risiken als gering oder nicht vorhanden dargestellt? Vorsicht: Hohe Gewinnchancen gehen stets mit hohen Risiken einher.
- **Vermeintlichen Erfolgen auf Demo-Konten** sollten Sie misstrauen. Oft werden sie nur vorgegaukelt, um Sie zu einem „Investment" zu bewegen.

Zugang zu Kryptomarktplätzen

Bereits seit 2013 bietet die Direktbank Fidor Privatleuten eine Art Brücke zum Kryptohandel an. Aber bei ihr läuft das Geschäft mit Kryptowerten anders ab als bei den genannten deutschen Onlinebrokern. Die zentralen Unterschiede liegen in der Verwahrung der Kryptowerte und in den Handelsmöglichkeiten. Die Fidor Bank kooperiert mit dem deutschen Marktplatz bitcoin.de und der bekannten US-Kryptobörse Kraken und stellt die Euro-Zahlungsinfrastruktur zur Verfügung, über die Privatkunden von Fidor dann auf den Handelsplätzen Kryptos handeln können. Die erworbenen Kryptowerte werden entweder beim Handelsplatz verwahrt, oder die Kunden legen sie in ihr privates Wallet.

Das Kraken-Wallet können sich Fidor-Kunden über die Fidor-Website anzeigen lassen. Fidor-Kunden können die Kryptowährungen erwerben, die auf den jeweiligen Marktplätzen gehandelt werden. Beim Handel auf Kraken zahlen sie die jeweiligen Gebühren des Handelsplatzes. Auf Kraken können Interessierte auch mit Stop-Loss-Aufträgen oder kombinierten Orders agieren. Für äußerst spekulationsfreudige Menschen sind dort auch gehebelte Aufträge oder das Shorten möglich.

→ Was bedeutet Shorten?

Das sind Leerverkäufe, das heißt etwas verkaufen, ohne es zu besitzen. Dazu leiht man Kryptobestände und verkauft sie – aus der riskanten Spekulation heraus, dass der Preis sinkt und man die Werte später zu einem günstigeren Kurs beschaffen kann.

Gut zu wissen

Sicherheit? Auf Kryptowerte gibt es keine Einlagensicherung im herkömmlichen Sinne, wie Sie sie etwa von Ihren Bankkonten kennen. Wenn ein Dienstleister wie eine Handelsplattform oder ein Anbieter von Wallets Geld verliert oder die Geschäftstätigkeit aufgeben muss, besteht daher kein Schutzmechanismus, der die Bestände der Kundinnen und Kunden sichert. Teilweise wird hier mit TÜV-Siegeln geworben, aber auch die sind keine Garantie, denn der TÜV prüft nur Prozessabläufe. Meist steckt hinter den Anbietern eine GmbH, die durch diese Konstruktion die Haftung im Falle eines Hackerangriffs begrenzen kann. Einen absolut sicheren Schutz gibt es also nicht. Wer Kryptowerte kaufen möchte, sollte dieses Risiko im Hinterkopf haben und nur auf renommierte Bafin-regulierte Anbieter setzen, die ausgeklügelte Absicherungsmechanismen verwenden und Kundenbestände zumindest teilweise gegen Verlust versichern. Sollten Sie allerdings Ihren privaten Schlüssel verlieren, greift keinerlei Absicherung. Die Token sind dann unwiederbringlich weg.

Top 10 Handelsplätze

In Deutschland sind meist nur die hierzulande zugelassenen Handelsplätze bekannt. Die Liste zeigt die international größten Handelsplätze für Kryptowerte. Das Ranking hinter Binance, dem Handelsplatz mit den höchsten Umsätzen, verändert sich kontinuierlich.

Platz	Name
1	Binance
2	Coinbase Exchange
3	FTX
4	Kraken
5	KuCoin
6	Gate.io
7	Bitfinex
8	Binance.US
9	Huobi Global
10	Gemini

Quelle: coinmarketcap.com, Stand: 10.Juni 2022

Shorten ist extrem riskant und kann ziemlich danebengehen, wenn die Marktentwicklung anders als erwartet verläuft. Die Finanztest-Redaktion rät von Leerverkäufen daher ausdrücklich ab.

Expresshandel von Fidor

Mit dem deutschen Kryptomarktplatz bitcoin.de ermöglicht Fidor einen sogenannten Expresshandel für eine schnellere Abwicklung der Kryptotrades nahezu in Echtzeit. Für den Expresshandel berechnet Fidor 0,1 Prozent pro Trade, hinzu kommen die Gebühren von bitcoin.de. Bitcoin.de ist ein Kryptomarktplatz, der der Futurum Bank AG gehört, die in Deutschland reguliert ist. Das heißt, er bietet eine Plattform dafür, dass Kauf- und Verkaufswillige direkt miteinander ins Geschäft kommen. Will man Kryptowerte kaufen, muss man sein Euro-Guthaben hier nicht zuerst auf ein Zwischenkonto eines Börsenanbieters überweisen. Daher unterliegt man nach Angaben von bitcoin.de beim Handel über diesen Marktplatz auch keinem Insolvenzrisiko, wie dies bei anderen ausländischen Anbietern der Fall sein kann. Seine Kryptowerte kann man, muss man aber nicht bei bitcoin.de verwahren lassen. Eine Verwahrung bei Dritten birgt aber auch ein Risiko.

Handel an zentralen Kryptobörsen

Die noch junge Historie von Bitcoin ist auch eine Geschichte von mehr oder minder spektakulären Hacks oder Pleiten von zentral organisierten Kryptohandelsplätzen und „verloren gegangenen" Token. Inzwischen hat sich die Branche professionalisiert. Und ein Anbieter wie die US-Börse Coinbase, gemessen am Handelsvolumen eine der drei größten Kryptobörsen der

Welt, war in Deutschland der erste Anbieter mit Kryptoverwahrlizenz der hiesigen Finanzaufsicht BaFin. Problematisch bei dem seit April 2021 börsennotierten Anbieter Coinbase ist ein neuer Punkt, der in die Vertragsbedingungen aufgenommen wurde: Die Kryptobestände sind bei einer Insolvenz des Unternehmens nicht gesichert. Wer Wert auf Sicherheit legt, sollte das im Hinterkopf haben. Eine Sicherheitsgarantie stellt die deutsche Verwahrlizenz nicht dar. Die bereits genannte Plattform Kraken verfügt bis dato aber nicht über diese deutsche Lizenz. Gleiches gilt für die weltweit größte Börse Binance (Sitz auf Malta) und die Börse FTX (Sitz: Bahamas), siehe die Tabelle „Die Top 10 Handelsplätze" links.

Wer bereits größere Erfahrung im Kryptobereich mitbringt und Wert auf ein breites Kryptoangebot legt, weil er oder sie nicht nur die Token der ersten Reihe handeln möchte, sondern Kryptobestände zum Beispiel auch für Staking oder Lending (mehr dazu auf S. 140) nutzen möchte, wird bei ausländischen Kryptobörsen fündig.

Gute Englisch-Kenntnisse sind Voraussetzung, um die Seiten nutzen zu können; auch die Website von Coinbase ist nur teilweise auf Deutsch. Mittlerweile gibt es aber einen deutschen Kundenservice. Zum Angebot gehören hier etliche Kryptowerte, die Käufer für eine Gebühr von 1,49 Prozent je Transaktion plus Spread handeln können. Bei Transaktionen mit geringer Ordergröße greifen gestaffelte Mindestgebühren.

Wer die Gebühren im Aktiengeschäft von deutschen Onlinebrokern gewöhnt ist, wird das als teuer empfinden. Dafür können die Kunden, müssen aber nicht, eigene Krypto-Wallets nutzen – mit all den Vor- und Nachteilen, die das mit sich bringt: Man ist flexibler, kann Bestände von Krypowerten zum Handelsplatz hin übertragen oder aber auch von dort wegübertragen – muss aber selbst auf seine Kryptos aufpassen.

Neben den genannten zentralisierten Handelsplätzen wächst seit geraumer Zeit im Krypto-Universum eine neue Gruppe von Handelsplätzen , sogenannte dezentrale Börsen oder kurz DEXes (decentralized exchanges). Ihre Besonderheit: Sie können keine Transaktionen in Fiat-Währungen wie dem US-Dollar oder Euro abwickeln, sondern nur in verschiedenen Kryptowährungen gegeneinander. An sie sollten sich nur ausgesprochen erfahrene Kryptoprofis heranwagen, die um das enorme Risiko wissen. Da DEXes auch nicht von der BaFin lizenziert sind, stellen wir die Angebote nicht näher vor.

Neben den Möglichkeiten, „echte" Kryptos zu handeln, gibt es viele weitere, wie etwa börsengehandelte Wertpapiere. Mehrere deutsche Onlinebroker bieten zum Beispiel Exchange Traded Products (ETP) an, bei denen die Token bei einem Kryptoverwahrer physisch hinterlegt sind und auf ein eigenes Wallet übertragen werden können. Mehr zu Wallets und börsengehandelten Papieren erfahren Sie in den nächsten Abschnitten.

Wallets für Anfänger sowie für Profis

Sie möchten die Verwahrung Ihrer Kryptotoken selbst in die Hand nehmen? Hier erfahren Sie, was Sie über Schlüssel, Wallets, Kosten und Sicherheit wissen müssen.

Einen Teil oder vielleicht auch alle Ihre Kryptotoken erwägen Sie selbst zu verwahren? Denn Sie vertrauen lieber auf sich selbst als auf die Dienste der Handelsplätze oder Kryptoverwahrer? Dabei geht nichts ohne Wallet. Das funktioniert ähnlich wie ein Girokonto, auch wenn der Vergleich zugegebenermaßen ein wenig hinkt. Denn auf einem herkömmlichen Girokonto liegen hierzulande Euros, während in einem Wallet auch verschiedene Kryptos aufbewahrt werden können, zum Beispiel Bitcoin und Ether oder andere Token. Trotzdem hilft er beim Verständnis, denn die Wallet-Adresse ist vergleichbar mit der Iban (International Bank Account Number). Sie braucht man, um Geld zu überweisen oder zu erhalten. Sie können Ihre Krypto-Wallet-Adresse – ebenso wie Ihre Iban – also mit anderen Marktteilnehmern austauschen. Die Wallet-Adresse ist sozusagen die öffentliche Kennung, die Sie an andere senden, damit diese Ihnen Bitcoin und andere Kryptowerte übertragen können. Allein die Kenntnis der Iban oder der Wallet-Adresse reicht nicht aus, um auf das Geld auf dem hinterlegten Konto beziehungsweise auf die Kryptowerte zuzugreifen.

Für die technisch Interessierten unter Ihnen: Etwas genauer gesagt ist die Wallet-Adresse eine komprimierte Fassung des Public Key. Die beiden hängen nämlich mathematisch zusammen. Daher können Sie diese genauso wie den Public Key an Dritte weitergeben. Wenn Sie es im Detail wissen wollen: Jeder Public Key ist 256 Zeichen lang, die Wallet-Adresse besteht dagegen aus einer gekürzten Form von „nur" 160 Zeichen.

Die Wallets sind mit einer öffentlich-privaten Verschlüsselung geschützt. Um über Kryptobestände zu verfügen, müssen Kryptoeigentümer den privaten Schlüssel (Private Key) ihres Wallets kennen. Der Private Key ist also der Schlüssel zum Schatz und darf keinesfalls anderen bekannt gemacht werden. Er lässt sich daher mit dem Pin-Tan-Verfahren beim Girokonto vergleichen. Wenn Sie zum Beispiel Kryptowerte auf ein anderes Wallet übertragen wollen, benötigen Sie zwingend Ihren Private Key.

Die Verbindung von Wallet und Private Keys kann man sich also auch so vorstellen:

Ein Wallet ist quasi ein beschriftetes Schlüsseletui – wobei der aufgeschriebene Text die Wallet-Adresse ist, in dem dann ein Schlüssel – der Private Key – enthalten ist.

→ Seien Sie vorsichtig!

Ein Private Key lässt sich nicht wiederherstellen, wenn er verloren oder gestohlen wurde. Wer also leichtfertig mit dem Private Key umgeht, riskiert, den Zugriff auf seine Kryptobestände zu verlieren. Laut Schätzungen von Chainalysis sind rund 3,8 Millionen Bitcoin auf diese Weise bereits verloren gegangen.

Private Key sicher verwahren – die wichtigsten Verwahrprinzipien

Es gibt prinzipiell zwei Arten von Speichertechnologien für private Schlüssel. Sie unterscheiden sich danach, in welchem Maß die jeweiligen Wallets mit dem Internet verbunden sind. Beim „Hot Storage", zu Deutsch: heiße Speicherung, wird das Krypto-Wallet über ein mit dem Internet verbundenes System verwaltet, etwa mithilfe eines mobilen Geräts, eines Computers oder einer Cloud-Lösung. Kryptohandelsplätze halten üblicherweise einen Teil ihrer Kryptobestände in solchen Hot Wallets.

Beim „Cold Storage", übersetzt: kalte Speicherung, bewahren Sie dagegen Ihren privaten Schlüssel offline auf. Das erhöht die Sicherheit, sofern man damit achtsam umgeht. Die gängigste Variante von Offline-Wallets ist eine Art USB-Stick, zum Beispiel der Anbieter Ledger oder Trezor.

Die meisten Krypto-Wallets geben standardmäßig keinen kryptischen Private Key mehr aus, sondern übersetzen ihn in eine sogenannte Seed-Phrase (Seed bedeutet auf Deutsch: Samen). Diese Seed-Phrase sollte streng geheim gehalten werden. Jeder, der sich Zugang zu einer Seed-Phrase verschafft, kann die Kontrolle über den Bestand des Wallets übernehmen.

Die Seed-Phrase sollte idealerweise auf ein Stück Papier geschrieben und dann an einem sicheren, möglichst wasser- und feuerfesten Ort aufbewahrt werden. Sicherheitshalber könnte man auch eine Kopie davon in einem Banksafe aufbewahren. Auf gar keinen Fall sollte man einen Screenshot von der Seed-Phrase machen oder sie digital speichern oder übertragen, weder per E-Mail, SMS, Notizen in einer App, als Textdatei, etc.

Wenn man einen sicheren Aufbewahrungsort gefunden hat, sollte man sich sehr gut überlegen, welchen Personen man diesen Ort anvertraut oder wie man garantieren kann, dass Nahestehende auf die Seed-Phrase zugreifen können, falls man einen Unfall erleidet oder stirbt.

Das Cold-Storage-Verfahren ist gewiss sehr sicher. Wer aber über seine Kryptobestände verfügen möchte, braucht etwas Zeit, um seinen privaten Schlüssel nutzen zu können, sofern er oder sie ihn nicht komplett auswendig gelernt hat.

Vor- und Nachteile verschiedener Wallet-Arten

Es gibt verschiedene Arten von Wallets, wie die Übersicht auf S. 120 zeigt. Für Einsteiger leicht zu händeln sind die Wallets, die von Onlinebrokern oder Kryptohandelsplätzen angeboten werden, wie erwähnt, denn hier hat man mit der Kryptoverwahrung selbst keine wirklichen Berührungspunkte. Dies übernimmt der Dienstleister. Wallets bei Handelsplätzen sind üblicherweise sogenannte Hot Wallets. Auch im Internet angebotene Wallets (Software, Browser- oder Mobil-Wallets) fallen in diese Kategorie.

Kryptobesitzer mit etwas mehr Erfahrung steigen dagegen häufig auf eigenverwahrte, sicherere Cold Wallets um und sind in aller Regel auch bereit, dafür Geld zu bezahlen. Aber nicht alle eigenverwahrten Wallets kosten Geld. Dazu gleich mehr.

Die verschiedenen Verwahrplätze weisen jeweils Vor- und Nachteile auf:

Kryptowerte auf einer Kryptobörse zu halten ist für Trader oder Personen, die unterschiedliche Token kaufen oder verkaufen wollen, die beste Option, da sie hier Transaktionen schnell durchführen können. Wer seine Kryptowährungen dabei auf einer eigenen Hot Wallet hält, hat den Vorteil, dass die Keys sich in seiner eigenen Verantwortung befinden. Der entscheidende Nachteil ist allerdings, dass der PC oder das Smartphone, auf dem sich das Wallet befindet, mit Schadsoftware infiziert werden kann, was zum Verlust führen kann. Auch sollte man darauf achten, welche Token in dem Hot Wallet gespeichert werden können. So kann man zum Beispiel in der bekannten Browser- und Mobile-App-Wallet Metamask keine Bitcoin verwalten.

Kein Thema ist das hingegen bei USB-Stick-Wallets: Anbieter wie Ledger oder Trezor ermöglichen die Speicherung diverser Kryptowerte. Mithilfe solcher USB-Sticks, die nur bei Handelsaktivität an einen Rechner angeschlossen werden, lassen sich verschiedene Cold Wallets erzeugen. Für die Verwaltung Ihrer Zugänge zu Bitcoin und Ethereum benötigen Sie zum Beispiel verschiedene Wallets, die sich mit solch einem

Achtung beim Kauf von Hardware-Wallets: Ein Hardware-Wallet sollten Sie bei einem Händler Ihres Vertrauens erwerben. Achten Sie beim Kauf darauf, dass sich das Gerät in der verschlossenen Originalverpackung befindet und das Siegel nicht gebrochen ist. Kaufen Sie keinesfalls ein Hardware-Wallet aus zweiter Hand, es könnte mit Schadsoftware infiziert sein, die Ihre Zugangsdaten ausliest.

speziellen USB-Stick generieren lassen. Derlei USB-Sticks kosten allerdings Geld – Einsteigermodelle sind ab rund 50 Euro zu bekommen. Finger weg von günstigeren Angeboten, gebrauchten USB-Sticks oder Angeboten von unbekannten Händlern – hier ist große Vorsicht angebracht, denn sie könnten Schadsoftware enthalten, die dem Verkäufer Zugang zu Ihren gespeicherten Informationen verschafft.

Solche Cold Wallets sind, wie schon gehört, die sicherste Verwahrart, da sie nicht immer ans Netz angeschlossen sind und so ungebetene Dritte sich keinen Zugang verschaffen können. Da allerdings mit jedem Transfer Transaktionskosten (teils Gas Fee genannt) anfallen, lohnt es sich nicht, laufend kleine Token-Anteile an ein Cold Wallet zu transferieren (siehe das „Gut zu Wissen" zu Transaktionsgebühren auf S. 121). Sie sind daher eher für die mittel- und längerfristige Aufbewahrung größerer Tokenbestände geeignet.

Eine andere Cold-Storage-Variante sind Paper-Wallets. Wie der Name vermuten lässt, wird hier der Private Key oder die Seed-Phrase auf ein Stück Papier geschrieben. Paper Wallets sind kostenlos, gelten aber heute eher als überholt. Denn auch hier bestehen Risiken, die man nicht unterschätzen sollte. So kann zum Beispiel im Laufe der Jahre die Schrift verblassen, mit der man den Private Key ausgedruckt oder aufgeschrieben hat. Und ohne Private Key bleibt der Zugang zu den Token verwehrt.

→ Papierschnipsel im Bankschließfach

Wer es ganz genau nimmt und sehr vorsichtig ist, kann es handhaben, wie es die bekannten Winklevoss-Brüder, die als die ersten Krypto-Milliardäre gelten, vor einigen Jahren gemacht haben sollen: Die Gründer der Kryptobörse Gemini sollen ihre Private Keys auf Papier ausgedruckt, dann in mehrere Schnipsel zerteilt und in verschiedenen Bankschließfächern über die USA verteilt haben.

Eine andere Methode mit sehr hohem Sicherheitsfaktor ist die Gravur des Keys in mehrere Stahl- oder Aluminiumplatten, die dann wiederum an verschiedenen Orten verteilt aufbewahrt werden.

Bei der Erstellung des Private Key sollten Sie besonders vorsichtig sein. Sinnvoll ist es, Zahlen- und Buchstabenwürfel zu nutzen, da man sonst Gefahr läuft, bekannte Zahlenkombinationen wie Geburtstage oder Ähnliches zu verwenden, die möglicherweise von Dritten erraten werden können. Und wer schon mal von einem Private-Key-Generator im Internet gehört hat, sollte vorsichtig sein. Alles, was online läuft, birgt ein Sicherheitsrisiko.

Anzahl der Wallets ist unbegrenzt

Wie viele Wallets man benutzt, ist sehr vom persönlichen Gebrauch, den eigenen Vorlieben und von der Aktivität abhängig. Wenn

Wallet-Arten im Überblick

Es gibt verschiedene Möglichkeiten, Kryptowerte zu verwahren. Jede Variante hat ihre Vor- und Nachteile. Für mehr Sicherheit verteilt man Kryptowerte auf mehrere Wallets.

Name	Typ	Beschreibung
Exchange Börsen- oder Broker-Wallet	Hot Wallet	Onlinebroker, Kryptobörsen und Handelsplattformen bieten die Verwahrung an, was schnelle Transaktionen auf der Plattform erlaubt. Sie sind beliebte Ziele von Hackern. Es gab international eine Reihe von Betrugsfällen und Pleiten.
Mobil App- oder Smartphone-Wallet	Hot Wallet	Praktisch für unterwegs. Auf dem Mobiltelefon oder Tablet ist eine App installiert, in der Kryptowerte lagern. Hackerangriffe sind ein Risiko. Ganz wichtig sind Back-ups, damit die privaten Schlüssel bei Verlust des Mobilgeräts gesichert sind.
Desktop Software-, Web- oder Online-Wallet	Hot Wallet	Installation auf dem heimischen Computer. Das Wallet kann daher nur auf diesem Rechner genutzt werden. Gefahr besteht bei Hackerangriffen auf den eigenen Rechner.
Hardware USB-Wallet	Cold Wallet	Private Schlüssel werden extern auf einem speziellen USB-Stick oder spezieller Kryptohardware gespeichert. Transaktionen sind nur mit diesem möglich. Höhere Sicherheit, aber hier fallen Zusatzkosten an.
Papier & Co. Physisches Wallet	Cold Wallet	Wallet wird mittels Generators erstellt, Seed Phrase oder Private Key ausgedruckt (Offline-Dokument erhöht Sicherheit). Geht das Papierdokument verloren, lässt es sich nicht wieder herstellen.

Sie gerade einsteigen und zunächst einmal nur einen kleinen Geldbetrag in Bitcoin stecken wollen, genügt ein Wallet. Aber Sie sollten wissen, dass Sie beliebig viele Wallet-Adressen erstellen können – das kann auch aus steuerlichen Gründen interessant sein (siehe Kapitel zur „Steuer“, ab S. 131). Natürlich sollten es nicht zu viele sein, Sie wollen ja den Überblick nicht verlieren.

Übrigens: Sie können auf einem Wallet mehrere Kryptowerte deponieren. Dies gilt sowohl für Hot Wallets wie auch für Cold

Wallets. Auf einem Hot Wallet müssen dafür die dazu passenden Blockchains eingerichtet werden, so können auf einem USB-Stick mehrere Wallets erzeugt und gespeichert werden. In einem Cold Wallet kann man für jede Kryptowährung ein Unterkonto einrichten.

Risiko auf mehrere Wallets verteilen

Die beste Option, Ihre Assets sicher zu verwahren, besteht darin, diese nicht alle in demselben Wallet zu halten, sondern über mehrere zu verteilen. Als Daumenregel kann gelten, 50 Prozent der Assets auf Kryptobörsen oder bei Onlinebrokern mit Kryptoverwahrung und die anderen 50 Prozent auf Cold Wallets zu halten. So entsteht ein guter Mix aus Sicherheit und Flexibilität. Wenn Sie in Deutschland wohnen, sind die durch die deutsche Bundesanstalt für Finanzdienstleistungsaufsicht (Bafin) regulierten Kryptobörsen am sichersten für Sie. Dazu zählen etwa die aus den USA stammende Kryptobörse Coinbase oder als Alternative dazu das Digitalprojekt der Börse Stuttgart, die Bison-App.

Wer auf zusätzliche Sicherheit setzt, kann die Unterteilung noch weiter ausweiten und seine Assets auf zwei Kryptobörsen und zwei Cold Wallets verteilen. Damit wären jeweils 25 Prozent der Assets verteilt, und sollte etwas passieren, wären die Verluste minimiert. Das macht etwas mehr Arbeit, erhöht aber die Sicherheit weiter.

Gut zu wissen

Der Transfer von Kryptowerten wie Bitcoin, Ether & Co. kostet Gebühren. Generell spricht man von einer Transaction Fee (Transaktionsgebühr), im Ethereum-Netzwerk oder in Netzwerken, die Ethereum ähnlich sind, wird diese „Gas Fee" genannt und in Gwei gemessen (ein Gwei entspricht 0,000000001 ETH).

Bildlich gesprochen ist der Mechanismus wie bei einer Briefmarke: Der Versender möchte einen Brief versenden und muss daher der Deutschen Post, also der übermittelnden Firma, eine Gebühr bezahlen.

Für jede Transaktion auf ein Wallet können die Nutzer vorgeben, welche Gebühren sie bereit sind zu bezahlen. Wenn viele Transaktionen verbucht werden sollen, sind die Gebühren üblicherweise höher als in ruhigeren Phasen. Da die Miner die Gebühren erhalten, verbuchen sie Transaktionen schneller, wenn sie höhere Gebühren erhalten. Daher hängt die Geschwindigkeit der Verbuchung sowohl von der Anzahl der Transaktionen ab als auch von der Höhe der angebotenen Gebühren.

Börsengehandelte Papiere auf Kryptowerte

Für Wertpapieranleger stellen Krypto-ETN eine besonders einfache Variante dar, auf Bitcoin & Co. zu setzen. Doch die Angebote unterscheiden sich deutlich.

Direkt an einer Kryptobörse zu handeln, eigens dafür ein neues Konto zu eröffnen oder gar ein Wallet anzulegen ist nicht Ihr Ding? Vielleicht wollen Sie erst mal ohne großen Aufwand einen kleinen Betrag in Kryptowerte stecken und schauen, wie sich das Ganze entwickelt – oder möglicherweise möchten Sie gar nicht auf Bitcoin & Co. setzen, sondern auf börsennotierte Unternehmen, die vom Kryptogeschäft profitieren? Oder suchen Sie den ganz großen Nervenkitzel und wollen mit Hebelpapieren agieren? Das ist mehr als riskant!

Noch sind die Angebote in den einzelnen Bereichen relativ überschaubar, doch das Universum wächst beständig. Die Handelsmöglichkeiten, aber auch die Konditionen der einzelnen Angebote sind höchst unterschiedlich. Wichtig ist bei der Auswahl vor allem darauf zu achten, welche Risiken mit dem jeweiligen Papier selbst verbunden sind.

Die bedeutendste Kategorie unter den börsengehandelten Papieren auf Kryptowerte sind Bitcoin-ETN, gefolgt von Ethereum-ETN. Die Abkürzung ETN steht für Exchange Traded Notes, was sich mit börsengehandelte Anleihen übersetzen lässt. In einigen Emissionen sind laut Informationen der Anbieter hundert Millionen Euro und mehr investiert. Genau überprüfen lassen sich diese Informationen aber nicht. Die

Bitcoin-ETF nicht möglich: Privatanleger können in Deutschland keine ETF kaufen, die sich ausschließlich auf Bitcoin oder Ethereum beziehen. ETF unterliegen genauso wie aktiv gemanagte Fonds dem Kapitalanlagegesellschaftsgesetz, das unter anderem eine Streuung des Risikos auf viele Titel verlangt. Ein Wert darf in einem ETF nicht mehr als 10 Prozent des Fondsvermögens ausmachen.

Besonderheit der Krypto-ETN, die von den Anbietern teils auch als ETP oder ETC bezeichnet werden: als Sicherheit werden meist Kryptowerte physisch hinterlegt.

ETF sind sicherer als ETN & Co.

ETN ähneln ETF (Exchange Traded Funds), die wir bereits unter „Ihr Plan für Bitcoin & Co." auf S. 81 angesprochen haben. Börsengehandelte Indexfonds sind bekannt als gute und kostengünstige Anlagevehikel, die einen Wertpapierindex nachbilden. Denn der Wert eines ETF entwickelt sich wie der jeweilige Index. Oder anders gesagt: Steigt der Wertpapierindex, vollzieht der ETF diese Bewegung eins zu eins nach – und umgekehrt. Aufgrund der einfachen Konstruktion sind die Kosten niedrig, weshalb ETF bei professionellen wie privaten Investoren gleichermaßen populär sind.

ETN sind ebenfalls börsennotiert und entwickeln sich im Gleichtakt wie der Basiswert. ETN und ETF unterscheiden sich aber vor allem in Punkto Sicherheit. ETF sind als Sondervermögen konstruiert – daher ist das Geld der Anleger besonders gut geschützt. Beim Sondervermögen gehören die Vermögenswerte den Käuferinnen und Käufern der ETF-Anteile. Sie werden „abgesondert" vom Vermögen des ETF-Anbieters treuhänderisch verwahrt. Dadurch besteht im Fall der Insolvenz des ETF-Anbieters ein erhöhter Schutz. Das Sondervermögen ist und bleibt immer im Eigentum der Kunden, egal was geschieht.

→ Was unterscheidet Bitcoin-ETN, Bitcoin-ETC und -ETP?

Bei Bitcoin und Blockchain gibt es ETN und ETC, teilweise werden die Begriffe auch synonym eingesetzt oder als ETF oder ETP bezeichnet. Das steckt genau hinter den Namen: ETP steht für Exchange Traded Product und ist der Oberbegriff für alle Konstruktionen. ETF ist die Abkürzung für Exchange Traded Fund, also börsengehandelter (Index-)Fonds. Diese unterliegen besonders strengen gesetzlichen Anforderungen, das Risiko muss auf mehrere Werte verteilt werden. Ein reiner ETF, der nur Bitcoin verwahrt, existiert daher nicht. ETN sind weniger sicher als ETF, denn hinter den Exchange Traded Notes verbergen sich Inhaberschuldverschreibungen. Das sind Anleihen, die im Falle einer Pleite des Anbieters nicht vor dem Zugriff der Gläubiger geschützt sind. Sie können jedoch besichert – sprich Bitcoin als Sicherheit hinterlegt – werden. Diese Konstruktion ist auch bei ETC (Exchange Traded Commodity) möglich. Im Gegensatz zum ETN bildet ein ETC die Wertentwicklung von Rohstoffen (Englisch: Commodities) nach. Da Kryptowerte teils als Rohstoffe betrachtet werden, wählen manche Anbieter auch ETC als Bezeichnung.

Wichtig ist der Blick darauf, was genau hinter einem Angebot steht. Mit einem Krypto- oder Blockchain-ETF investieren Sie nicht in Bitcoin, sondern in Aktien, die in Verbindung zum Kryptogeschäft stehen. Das ist jedoch weit entfernt von der Idee, Bitcoin zu erwerben. Bei Angeboten wie etwa dem CoinShares Global Blockchain ETF (Isin: IE00BGBN6P67), der rund 50 Aktien abbildet, ist zum Beispiel der taiwanesische Chiphersteller TSMC ein Schwergewicht.

Mittels Exchange Traded Notes (ETN) lassen sich auch ganz einfach Bitcoin oder andere Kryptowerte in verpackter Form ins Depot legen. Tatsächlich haben ETN und ETF vieles gemeinsam:

- **Sie werden wie Aktien an der Börse gehandelt.** Wer also ein Wertpapierdepot besitzt, kann die Papiere handeln. Sie werden wie Aktien ins Wertpapierdepot gebucht.
- **Anbieter können die Papiere nur an der Börse einführen,** wenn Marketmaker die Kursbildung unterstützen und dafür sorgen, dass der Wert des ETF oder ETN auch dem Wert der Aktien oder des Bitcoins entspricht.
- **Sie vollziehen die Wertentwicklung des Basiswerts eins zu eins nach.** Steigt also der Bitcoin-Preis, steigt auch der Wert des ETN.
- **Die Anbieter müssen einen Verkaufsprospekt vorlegen,** in dem die Konditionen der Papiere geregelt und für die Investoren nachvollziehbar sind.

ETN sind Schuldverschreibungen

Wie bereits erwähnt, steckt hinter einer ETN eine Inhaberschuldverschreibung, also eine Anleihe, deren Wertentwicklung an den Kurs von Bitcoin oder einen anderen Kryptowert gekoppelt ist. Herausgeber der Anleihe ist genau genommen nicht der ETN-Anbieter, sondern eine eigens gegründete Zweckgesellschaft, die auch beim Kauf der Bitcoin als Eigentümer in der Blockchain eingetragen wird.

Rechtlich handelt es sich bei ETN nicht um einen Fonds, der den strengen Anforderungen für Kapitalanlagegesellschaften unterliegt, sondern eben um eine Anleihe. Daher besteht theoretisch das Risiko, dass im Falle einer Pleite des Anbieters die ETN in die Konkursmasse fallen und die Kundengelder gefährdet sind. ETN funktionieren ähnlich wie Xetra-Gold, das Sie möglicherweise kennen. Bei diesem Gold-Papier werden Goldbarren physisch hinterlegt, die sich Käufer auch ausliefern lassen können.

Mit Hinterlegungen arbeiten auch die Anbieter von Krypto-ETN. Damit Anbieter bei Turbulenzen an den Märkten nicht ins Straucheln kommen und das Geld der Kundinnen und Kunden möglichst gut geschützt ist, ist es üblich, dass bei einem Bitcoin-ETN als Sicherheit Bitcoin hinterlegt werden. Dazu werden Wallets und Zugangscode, also der Private Key, im Tresor auf Papier oder einem anderen Speichermedium (Cold Storage) verwahrt. Besteht ein sogenannter Auslieferungsanspruch, können

Kostenspannen verschiedener Anlageprodukte

Die Gebühren von Krypto-ETN sind deutlich höher als von ETN auf marktbreite Aktienindizes oder Gold und andere Rohstoffe.

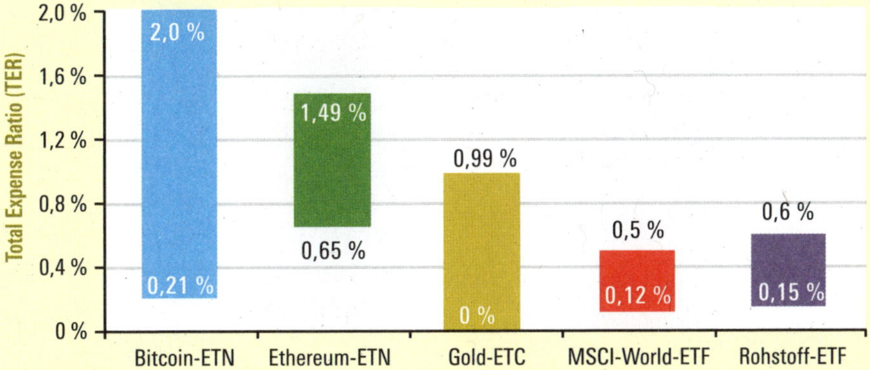

Quellen: Deutsche Börse, Stuttgarter Börse, ISS-FWW Stand: 31. Juli 2022

die Kryptowerte auch auf das private Wallet des Käufers übertragen werden. Dann erlischt der Anspruch aus dem ETN, dafür besitzt man dann ja die Token direkt.

Die Anbieter von Krypto-ETN sind zum Teil wenig bekannt, denn die größten ETF-Häuser haben bis dato keine Krypto-ETN im Angebot. Eine kleine Auswahl der börsengehandelten ETN finden Sie auf Seite 156.

Sparpläne auf Krypto-ETN

Auf Krypto-ETN existieren auch Sparplanangebote der Onlinebroker. Das kann vor allem für jene interessant sein, die auf längere Sicht mit steigenden Notierungen von Kryptowerten rechnen, aber nur schrittweise kaufen können oder wollen. Bei Sparplänen bekommen Kundinnen und Kunden mehr Anteile für ihr eingesetztes Geld, wenn der Kurs mal niedriger steht, und weniger, wenn der Kurs geklettert ist. Zwar kauft man damit nicht immer zum niedrigsten Preis, zahlt aber einen guten Durchschnittspreis, sofern die Notierungen auf längere Sicht steigen.

Ein Wort zu den Kosten

Neben den Gebühren der Banken und Onlinebroker fallen bei ETN zusätzliche Kosten an. Ersichtlich sind die jährlichen Management- und Verwaltungsgebühren des ETN-Anbieters anhand der TER (Total Expense Ratio). Bei der Auswahl lohnt es sich vor allem für diejenigen, die die Papiere lange halten wollen, auf die jährlichen Gebühren zu achten. Bei klassischen ETF auf etablierte Indizes wie auf den MSCI World kann man diesen Aspekt eher vernachlässigen, weil die jährlichen Kosten meist gering sind – sie bewegen sich im Bereich zwischen 0,12 und 0,50 Prozent (sieht Grafik oben). Konstruktion und Verwaltung von Aktien-ETF sind bei weitem nicht so aufwendig wie bei einem besicherten Bitcoin-ETN. Bei Rohstoff- und Gold-ETN sind diese mit bis zu 0,99 Prozent schon deutlich höher als bei Ak-

5 PUNKTE CONTRA KRYPTO-ETN

1 Eingeschränkter Handel
Kryptowerte werden 24/7 gehandelt, das heißt rund um die Uhr, 7 Tage die Woche. Für Krypto-ETN gelten dagegen die üblichen Börsenhandelszeiten.

2 Höhere Handelsspanne
Beim Handel von Krypto-ETN kann die Spanne zwischen An- und Verkaufskurs breiter sein als beim Kryptowert selbst. Das reduziert die Ertragschancen.

3 Jährliche Gebühren
Für Verwahrung und Verwaltung der Krypto-ETN anfallende Kosten gehen zu Lasten des ETN, das schmälert die Performance.

4 Kein steuerfreier Gewinn
Die Möglichkeit, steuerfreie Kursgewinne nach der 12-Monats-Frist einzustreichen, entfällt.

5 Ausfallrisiko
ETN sind Schuldverschreibungen. Sind sie unbesichert, besteht ein erhöhtes Ausfallrisiko, sollte der Anbieter zahlungsunfähig werden.

tien-ETF. Am teuersten sind jedoch ganz klar Bitcoin-ETN, die in der Spitze 2 Prozent erreichen.

Auf den ersten Blick erscheint die Spanne von 0,21 bis 2,00 Prozent Gebühren sehr breit. Das hat jedoch seinen Grund. Für das Bitcoin-Papier, bei dem „nur" 0,21 Prozent jährliche Gebühren anfallen, wird auch „Lending" betrieben, es werden also Kreditgeschäfte getätigt, um die Gebühren niedrig zu halten. Das verzerrt das Angebot ein wenig. Die jährlichen Gebühren von besicherten Bitcoin-ETN, die in Deutschland gehandelt werden und seit mindestens einem Jahr am Markt sind, liegen zwischen 0,95 und 2,00 Prozent (siehe S. 156).

So genau merken die Kundinnen und Kunden diese Kosten erst mal nicht, denn sie werden vom Wert des ETN einfach abgezogen. Allerdings dürfte sich im Lauf der Jahre die Kursentwicklung der ETN vom Bitcoin sichtbar entfernen. Je höher die Kosten und je mehr Jahre seit der ETN-Emission vergangen sind, desto größer der Effekt. Der Preis von Bitcoin und Bitcoin-ETN driftet dann auseinander. Das gilt natürlich auch für Ethereum-ETN, die genauso gestrickt sind wie Bitcoin-ETN.

Aktive Trader achten auf die Spanne zwischen An- und Verkaufskurs

Neben den Gebühren lohnt es sich auch, auf die Handelszeiten und den Spread, die Spanne zwischen An- und Verkaufskurs, zu achten. Je geringer dieser ist, desto besser für die Käufer. Wer langfristig orientiert ist, kann diesen Aspekt ignorieren; doch für diejenigen, die traden, also häufiger kurzfristig kaufen und verkaufen, ist der Spread ein wichtiges Kriterium.

Interessant: In aller Regel ist der Spread bei Bitcoin-ETN niedriger als bei ETN auf Ethereum. Die Spanne ist aber – sowohl bei Bitcoin-ETN als auch bei Ethereum-ETN – für gewöhnlich deutlich höher als bei ETF auf den MSCI World Index oder den Deutschen Aktienindex (Dax).

24/7-Handel versus klassicher Börsenhandel

Für Bitcoin gibt es keinen offiziellen Börsenkurs oder einen Tagesschlusskurs, wie das bei Aktien üblich ist. Kryptowerte werden rund um die Uhr rund um den Globus gehandelt, 24 Stunden pro Tag, 7 Tage die Woche. Es gibt keinen Feiertag. Wenn die europäischen Akteure schlafen gehen, handeln amerikanische und später australische oder asiatische Marktteilnehmer weiter. So werden fortlaufend Kurse ermittelt.

Die Kurse können zudem von Börse zu Börse unterschiedlich sein. Zwar versuchen professionelle Marktteilnehmer die Kursabweichungen zwischen den Handelsplätzen auszugleichen, doch ein offizieller Tagespreis existiert nicht. Viel eher lässt sich der Höchst- und Tiefststand des Tages nachvollziehen, und selbst der kann in Asien anders ausfallen als in Europa oder den USA, weil die Marktteilnehmer den Kurs von 0 bis 24

5 PUNKTE PRO KRYPTO-ETN

1 Einfache Handelbarkeit
Krypto-ETN werden wie Aktien an der Börse gehandelt und im Wertpapierdepot verbucht.

2 Kein Stress mit der Steuer
Die ETN tauchen in der Jahressteuerbescheinigung der hiesigen Depotbank auf. Es müssen keine speziellen Formulare bei der Steuererklärung ausgefüllt werden.

3 Professionelle Verwahrung
Um die sichere Verwahrung der Token müssen sich Anlegende keine Gedanken machen. Darum kümmern sich die ETN-Anbieter.

4 Basiswert wird abgebildet
ETN bilden den Basiswert eins zu eins nach und vollziehen die Bewegungen des zugrunde liegenden Kryptowerts nach.

5 Erhöhte Sicherheit möglich
Bei besicherten ETN wird der jeweilige Kryptowert, zum Beispiel Bitcoin oder Ether, physisch hinterlegt. Das erhöht die Sicherheit für die Käufer der ETN.

Uhr in ihrer Zeitzone betrachten. Aufgrund des fortlaufenden Handels kann es also über Nacht bei Kryptowerten zu gravierenden Kursbewegungen kommen. Zwar kann man in Deutschland auch Aktien aus anderen Ländern und anderen Zeitzonen handeln, doch an etablierten Börsenplätzen wie Xetra oder New York Stock Exchange ist der offizielle Handel auf sechs bis acht Stunden täglich begrenzt.

Angebote der Banken: An Börsen notierte Bitcoin-Zertifikate

Neben den ETN gibt es auch Bitcoin-Zertifikate, oft auch Partizipationszertifikat oder Tracker-Zertifikat genannt. Da es sich recht-

Vokabeltest

Slang der Kryptowelt

Sind Sie **No-coiner,** ein Gegner von Kryptowerten? Auf jeden Fall sind Sie kein **Normie** (Person mit wenig Wissen über Kryptowerte) und handeln keine **Shit-Coins,** also Token, die keinen Nutzen haben. Kennen Sie auch **Meme-Coins,** Spaßtoken, die gerade im Trend liegen? Dogegoin wäre ein Beispiel. Noch ein paar Abkürzungen gefällig?

DYOR – Do your own research
Investoren sollten erst recherchieren, bevor sie ein Geschäft abschliessen.

FOMO – Fear of missing out
Angst, eine gute Chance zu verpassen.

HODL
Ein Tippfehler, es sollte „hold" heißen, sprich Bitcoin halten.

Mooning, to the Moon
Mooning kommt von Mond – und der ist weit oben. „Going to the moon" bedeutet, es wird ein starker Kursanstieg erwartet.

Reckt
Die Kurzform für „wrecked" beschreibt einen herben finanziellen Verlust mit einem Kryptogeschäft.

TINA – there is no alternative
„Es gibt keine Alternative" setzen Kryptofans ein, weil sie keine Alternative zu Kryptobesitz – oder zu Bitcoin – sehen.

YOLO – You only live once
Übersetzt „du lebst nur einmal" ist die Aufforderung, mutig zu investieren, Geld zu verdienen und Spaß zu haben.

lich um Inhaberschuldverschreibungen der Anbieter handelt, ist ebenfalls die Bonität des Anbieters zu berücksichtigen. Kaufinteressenten sollten bei Zertifikaten genau prüfen, wie solide ein Anbieter ist, bevor sie ihr Kapital investieren. Zudem ist es wichtig, vorher die Bedingungen genau zu studieren, oft finden sich im Kleingedruckten noch Details, die relevant sind.

Partizipations-Zertifikate auf Bitcoin bilden die Wertentwicklung des Bitcoins nach, es existieren auch eine Reihe von Zertifikaten auf weitere Kryptowerte wie Bitcoin Cash, Ether & Co. Mit den Zertifikaten lässt sich sowohl auf steigende (Long-Zertifikate) als auch auf fallende Kurse (Short-Zertifikate) setzen. Genauso wie bei ETN berechnen die Anbieter für ihre Dienstleistung Gebühren von jährlich rund 1,5 Prozent. Damit sind die Kosten vergleichbar mit ETN. Die Möglichkeit, auf fallende Kurse zu setzen, besteht allerdings bei ETN nicht.

Den Spekulationsmöglichkeiten sind keine Grenzen gesetzt. Bitcoin & Co. sind an sich schon riskant genug, doch es existieren auch Angebote, um mit reduziertem Kapitaleinsatz, sprich mit Hebeleffekt, auf fallende oder steigende Kurse zu wetten.

Beispiele dafür sind Mini-Future-Kontrakte, bei denen ein Basispreis und eine Barriere festgesetzt sind. Wird die Barriere touchiert, verfallen die Papiere. Diese Engagements können sehr schnell im Totalverlust enden, Finanztest rät daher ausdrücklich davon ab.

Finanztest rät: Hebelinstrumente meiden

Auch an der Terminbörse Eurex werden Terminkontrakte auf Bitcoin gehandelt. An diesem Markt agieren vornehmlich professionelle Investoren, hier sind spezifische Marktkenntnisse unerlässlich. Es besteht eine Nachschusspflicht und ein erhöhtes Totalverlustrisiko, wenn sich die Kurse in die entgegengesetzte Richtung bewegen. Wegen der Hebelwirkung sind die Risiken enorm. Daher unsere Empfehlung: meiden!

Ebenfalls einen großen Bogen sollten Anleger um CFD (Contract for Difference, zu Deutsch: Differenzkontrakte) machen. Häufig heben die Anbieter die großen Gewinnchancen hervor und ködern Kunden, die mit Termingeschäften keine Erfahrung haben. Theoretisch lassen sich bei diesen Differenzgeschäften mit kleinem Einsatz hohe Gewinne erzielen, doch das gelingt den wenigsten. Vorsicht ist also angebracht.

Finanztest rät ausdrücklich von Engagements in CFD ab, bei denen es sich um hochriskante Termingeschäfte handelt. Die Anbieter von CFD stehen unter besonderer Aufsicht und müssen die Verlust- und Gewinnquoten ihrer Kunden ausweisen. Die Erfolgsquoten der Kunden sind gering! Hinzu kommt, dass manche Anbieter ihren Sitz außerhalb der EU haben und Geschäfte ohne die erforderliche Erlaubnis der Bundesanstalt für Finanzdienstleistungsaufsicht Bafin tätigen. Die Behörde warnt sowohl vor diesen Anbietern als auch CFD-Geschäften!

Kryptopraxis und Steuern

Sie wissen nun, wie Kryptowerte funktionieren. In diesem Kapitel schildern wir detailliert, wann sich das Finanzamt für Ihre Geschäfte interessiert. Zudem klären wir viele praktische Fragen, die sich Privatanleger immer wieder stellen.

Sie haben Ihre Kryptowerte mit Gewinn verkauft? Glückwunsch! Oder ist es Ihnen nicht so gut ergangen, und Sie haben die Reißleine gezogen, als Token deutlich ins Minus gerutscht sind? Vielleicht haben Sie auch schon länger Erfahrung mit Kryptowerten und wollen mit Staking oder Lending Einnahmen auf Ihre Kryptos erzielen? So oder so ist es möglich, dass sich das Finanzamt für Ihre Gewinne und Verluste mit Kryptowerten interessiert. Zeit daher, Ihnen im Detail verständlich zu erklären, wie Kryptogeschäfte in der Bundesrepublik Deutschland steuerlich behandelt werden.

Daneben beleuchten wir verschiedene Einzelfragen und Aspekte. Vielleicht möchten Sie wissen, wie Sie Kryptowerte vererben, oder vielleicht Sie finden Bitcoin auch so spannend, dass Sie selbst damit liebäugeln, einen Netzwerkknoten zu betreiben? In diesem Kapitel erfahren Sie das Wichtigste, was Sie dafür wissen sollten.

Kryptowerte richtig versteuern – die Basics

Sie haben mit dem Verkauf von Kryptowerten Gewinne erzielt? Oder erlitten Sie Verluste? Häufig interessiert sich dafür das Finanzamt. Wir erklären Ihnen die grundlegenden Steuerregeln.

Rasante Kursbewegungen sind bei Bitcoin & Co. an der Tagesordnung. Solange Anleger einmal erworbene Kryptowerte einfach langfristig in ihren Wallets behalten, ist das in der Regel Privatsache. Doch sobald sie ihre Kryptowerte veräußern, egal ob sie dafür Euro oder eine andere Kryptowährung erlösen, interessiert sich unter Umständen das Finanzamt für diese Geschäfte.

Wichtig: Im Folgenden gehen wir davon aus, dass Sie privat gelegentlich mit Kryptowerten handeln und in Deutschland voll steuerpflichtig sind. Hierzulande gilt bei der Steuerpflicht das sogenannte Welteinkommensprinzip. Das bedeutet: Solange Sie in Deutschland voll steuerpflichtig sind (zum Beispiel aufgrund Ihres Wohnsitzes), müssen Sie Ihre Einkünfte auch hierzulande versteuern, egal, wo auf Erden Sie diese Einkünfte erzielt haben. Diesen Grundsatz gilt es auch bei der Besteuerung von Anlagen in Kryptowerten im Hinterkopf zu haben. Häufig nutzen Anlegende zwar die Dienste von ausländischen Kryptohandelsplätzen. Das ändert aber nichts an ihrer Verpflichtung, unter Umständen Gewinne aus Kryptos dem deutschen Fiskus zu offenbaren, egal, wie aufwendig das im Detail für sie nachzuhalten ist. Wer der Verpflichtung nicht nachkommt, begeht womöglich strafbare Steuerhinterziehung.

Wer viel handelt und womöglich Dutzende oder gar Hunderte Transaktionen pro Jahr über mehrere Handelsplätze hinweg tätigt, steht vor dem Problem, den Überblick zu behalten, um seiner Steuerpflicht nachzukommen. Wie man das hinbekommt, dazu später mehr.

→ Grenzziehung schwierig

Vorsicht: Auch Privatpersonen können unter Umständen die Schwelle zur gewerblichen Tätigkeit überschreiten, wenn sie in enormem Ausmaß Kryptowerte handeln oder Mining betreiben. Eine klare Grenzziehung, ab wann das der Fall ist, ist allerdings schwierig und sollte im Zweifelsfalle mit einem Steuerberater abgeklärt werden.

Aktuelles Krypto-Schreiben des Bundesfinanzministeriums

Im Mai 2022 hat das Bundesfinanzministerium ein umfangreiches Schreiben zu „Einzelfragen zur ertragsteuerlichen Behandlung von virtuellen Währungen und sonstigen Token" (Dokument: 2022/0493899 vom 10. Mai 2022) veröffentlicht, das auch wichtige Vorgaben für private Kryptokäufer enthält. Es stuft darin die Einheiten virtueller Währungen und sonstige Token als „andere Wirtschaftsgüter" ein. Da diese regelmäßig gehandelt werden, ließen sich ein Marktpreis ermitteln und die Token selbstständig bewerten. Diese Einstufung als „Wirtschaftsgut" ist allerdings umstritten: Der Bundesfinanzhof (BFH) beschäftigt sich in einem anhängigen Verfahren unter anderem genau mit der Frage, ob Kryptotoken als Wirtschaftsgüter zu betrachten sind oder nicht (siehe S. 135). Der Clou: Sollte der BFH zu dem Ergebnis gelangen, dass Kryptotoken keine „Wirtschaftsgüter" sind, könnte es sein, dass es für die jetzigen Regeln der Besteuerung gar keine rechtliche Grundlage gäbe. Die Wahrscheinlichkeit hierfür erachten Fachleute aber als gering.

Krypto-Wertpapier oder echter Token?

Entscheidend für die steuerliche Behandlung ist zunächst, in welcher Form man in Kryptowerte investiert hat. Zu unterscheiden ist, ob man „echte" virtuelle Währungen erworben und wieder verkauft oder in „verpackte" Kryptos in Form von Exchange Traded Products (ETP) oder börsengehandelten Zertifikaten (mehr dazu siehe „Angebote der Banken", S. 122) investiert hat.

ETP und Zertifikate werden an regulierten Börsen wie Xetra, Gettex, Frankfurt oder Stuttgart gehandelt. Bei ihnen handelt es sich um strukturierte Wertpapiere, die die Kursentwicklung des Basiswerts nachbilden oder direkt in die Krypto-Assets investieren. Sie unterliegen – wie andere Wertpapiere, also Aktien & Co. – in Deutschland den Regeln der Abgeltungsteuer. Privatanleger können Krypto-ETP bei verschiedenen deutschen Onlinebrokern kaufen und verkaufen. In diesem Fall stellt die Depotbank am Jahresende eine formale Steuerbescheinigung aus, die den Kunden die Steuererklärung, falls überhaupt erforderlich, einfach macht. Handelt man über Auslandsbroker, muss man die Erträge über die Steuererklärung (Anlage KAP) selbst deklarieren.

Konkret bedeutet das: Bei Verkäufen von Krypto-Zertifikaten mit Gewinn werden grundsätzlich 25 Prozent Abgeltungsteuer fällig, sofern man seinen Sparerfreibetrag in Höhe von 801 Euro pro Person und Jahr bereits ausgeschöpft hat. Wer darunter bleibt, streicht Gewinne ohne steuerliche Abzüge ein. Bedingung dafür ist allerdings, dass man seiner inländischen Depotbank einen Freistellungsauftrag erteilt hat.

Ab 2023 soll der Sparerfreibetrag auf 1000 Euro angehoben werden; das Gesetzgebungsverfahren war zum Redaktionsschluss aber noch nicht abgeschlossen. Es kommt in diesem Fall auch nicht darauf an, wie lange man die Wertpapiere gehalten hat, ob ein paar Stunden, einen Tag oder mehrere Jahre. Denn in diesen Fällen greift keine Spekulationsfrist; die Trades sind immer steuerlich von Bedeutung. Praktisch ist zudem, dass Sie sich bei inländischer Depotführung darauf verlassen können, dass die Bank oder der Onlinebroker die Steuer für Sie abführt und Sie eine Steuerbescheinigung für eine etwaige Nachverrechnung mit dem Finanzamt ausgestellt bekommen.

Erzielen Sie Verluste aus Krypto-Zertifikaten, dann lassen sich diese gemäß den allgemeinen Regeln der Abgeltungsteuer mit in den folgenden Anlagezeiträumen erzielten Gewinnen aus anderen Wertpapiergeschäften verrechnen. Die inländischen Depotanbieter kümmern sich um die laufende unterjährige Verlustverrechnung mit Gewinnen aus anderen Wertpapiergeschäften.

→ Stichtag 15. Dezember

Haben Sie mehrere Depots bei verschiedenen Banken, sollten Sie einen Stichtag beachten. Wollen Sie Verluste bei einer Bank mit Gewinnen auf einem Depot bei einer anderen Bank verrechnen, geht das nur über die Steuererklärung. Dafür benötigen Anlegende eine Verlustbescheinigung, die sie bis 15. Dezember eines Jahres bei der Depotbank beantragen.

Sollten Sie den Antrag für die Bescheinigung vergessen, verlieren Sie nichts: Die Depotbanken führen die Verlustverrechnungstöpfe dann einfach fort. Wichtig zu wissen ist aber: Mit anderen Einkünften etwa aus einer Tätigkeit als Gewerbetreibender, Arbeitnehmer oder Vermieter lassen sich Wertpapierverluste nicht verrechnen.

Keine Abgeltungsteuer bei „echten" Kryptos

Anders sieht es steuerlich bei „echten" Kryptowerten aus – egal, ob diese in eigenen Wallets oder bei einer Kryptobörse aufbewahrt werden. Hier greifen die Regeln der Abgeltungsteuer nicht. Denn Bestände in virtuellen Währungen werden rechtlich weder als (Fremd-)Währung, noch als Kapitalanlage, sondern als „andere Wirtschaftsgüter" im Sinne von Paragraf 23 Absatz 1 Satz 1 Nummer 2 Einkommensteuergesetz behandelt – ähnlich wie Gold, Kunstwerke, Oldtimer oder Antiquitäten. Im Folgenden schauen wir uns die Besteuerung „echter" Kryptotoken bei Privatanlegern näher an.

Die nachfolgenden Hinweise sind daher für Privatleute, die Kryptowerte direkt erwerben, also etwa bei einer Kryptobörse wie Coinbase oder Bison, NFT-Handelsplätzen oder über dezentrale Börsen (zum Beispiel Uniswap) von besonderer Bedeutung – denn hier gibt es keine formale Steuerbescheinigung.

Aber auch wenn Sie Ihre Kryptotoken über einen inländischen Depotanbieter erworben haben und verwahren lassen, sollten Sie die Regeln kennen, denn Krypto-Transaktionen werden in deren Steuerbescheinigungen nicht gesondert aufgelistet. Die inländischen Broker stellen ihren Kunden allerdings üblicherweise Transaktionslisten zur Verfügung, die sie für die Steuererklärung nutzen können. Oder sie ermöglichen einen Dateidownload, der sich dann mit auf Krypto-Transaktionen spezialisierten Steuertools auswerten lässt. Mehr dazu siehe „Praxisfragen" auf S. 143.

Gut zu wissen

Steuerregeln für Krypto-Zertifikate, die einen Lieferanspruch aufweisen. Es gibt Krypto-Exchange Traded Products (ETP) am Markt, die einen „Auslieferungsanspruch" verbriefen – ähnlich wie es zum Beispiel bei bestimmten Goldzertifikaten (zum Beispiel Xetra-Gold oder Euwax-Gold) der Fall ist.
Für die Besteuerung von Veräußerungsgewinnen bei diesen speziellen Krypto-Zertifikaten gelten dann nicht die Regeln der Abgeltungsteuer, sondern die Regeln für private Veräußerungsgewinne nach Paragraf 23 Einkommensteuergesetz – ähnlich wie bei Veräußerungsgewinnen mit echten Kryptos. Hier ist die einjährige Spekulationsfrist zu beachten. Mehr dazu ab S. 137.

Wann darf der Fiskus bei echten Kryptowerten Steuern verlangen?

Erzielen Kryptobesitzerinnen und -besitzer innerhalb eines Jahres einen Gewinn mit ihren Token, werten die Finanzämter dies als privates Veräußerungsgeschäft und verlangen Steuern, wenn der Gewinn die Freigrenze von 600 Euro erreicht oder übersteigt.

Aber ist es eigentlich in Ordnung, dass Kryptowerte als „anderes Wirtschaftsgut" im Sinne von Paragraf 23, Abs. 1 Satz 1 Nr. 2 Satz 1 Einkommensteuergesetz angesehen werden und damit in den Anwendungsbereich der Einkünfte aus privaten Veräußerungsgeschäften fallen? Mit dieser Frage beschäftigt sich derzeit der Bundesfinanzhof (BFH; Az. IX R 27/21). Der Kläger macht für sich geltend, dass es sich bei Kryptowährungen nicht um Wirtschaftsgüter im steuerrechtlichen Sinne handele, sondern um immaterielle Wirtschaftsgüter, deren Wert sich allein nach Angebot und Nachfrage bestimme, die aber keinen inneren Wert aufweisen.

Außerdem macht der Kläger ein strukturelles Vollzugsdefizit geltend: Den Finanzämtern fehlten die technischen Mittel, um die anonymen Transaktionen, die oft über ausländische Plattformen abgewickelt werden, überhaupt zu ermitteln. Das benachteilige Steuerehrliche, die Gewinne mit Kryptowerten in ihrer Steuererklärung angeben. Das beklagte Finanzamt hielt dagegen, dass der Fiskus bei Sachverhalten mit Auslandsbezug grundsätzlich darauf angewiesen sei, dass die Steuerpflichtigen ihrer Pflicht nachkämen, bei der Besteuerung mitzuwirken. Es gebe aber auch steuergesetzliche Instrumente wie Sammelauskunftsersuchen, um Nachforschungen anzustellen.

Streiten Sie sich mit Ihrem Finanzamt um die Steuer auf Kryptowerte, sind Sie gut beraten, das Verfahren im Blick zu behalten. Sie können gegen Ihren Steuerbescheid mit Verweis auf das anhängige Verfahren Einspruch einlegen und ein „Ruhen des Verfahrens“ beantragen. Stellt sich der BFH auf die Seite des Klägers, profitieren Sie automatisch vom Ausgang des Verfahrens.

Schafft man Kryptowerte wie Bitcoin oder Ethereum an und veräußert sie wieder, greift eine Spekulationsfrist von einem Jahr. Der Fiskus interessiert sich nur für Veräußerungsgeschäfte binnen Jahresfrist. Wer langfristig vorgeht und eine Buy-and-hold-Strategie verfolgen möchte, kann steuerlich im Vorteil sein: Sofern man die echten Kryptos länger als ein Jahr hält und dann irgendwann in der Zukunft mit Gewinn veräußert, bleiben diese nämlich komplett steuerfrei. Umgekehrt sind Verluste dann jedoch ebenfalls Privatsache. Für langfristig orientierte Kryptobesitzerinnen und -besitzer entfällt das teils sehr aufwendige Zusammenstellen von Transaktionen, die möglicherweise sogar auf verschiedenen Handelsplätzen getätigt wurden.

Was gilt steuerlich eigentlich als „Anschaffung“?

Unter Anschaffung ist der entgeltliche Erwerb von Dritten zu verstehen. Doch Vorsicht: Was darunter bei Kryptowerten im Detail zu verstehen ist, fasst das Bundesfinanzministerium sehr breit. Besonders gängig ist natürlich der Kauf und Verkauf an einer Kryptobörse. Aber man kann Kryptowerte auf viele verschiedene Arten „anschaffen“; folgende Fälle schauen wir uns daher im Detail näher an:

1. **Anschaffung** gegen Waren und Dienstleistungen
2. **Kauf über einen Broker**, eine Handelsplattform oder eine Kryptobörse, zum Beispiel gegen eine Fiat-Währung wie Euro oder gegen eine andere virtuelle Währung oder sonstige Token
3. **Anschaffung** in Zusammenhang mit der Blockerstellung (Mining und Staking)
4. **Airdrop und ICO** (Initial Coin Offering)

Während für Veräußerungen von Kryptos in den Fällen 1) und 2) die Besteuerung nach Paragraf 23 Absatz 1 Satz 1 Nummer 2 Einkommensteuergesetz läuft, greift für die Fälle 3) und 4) Paragraf 22 Nummer 3 Einkommensteuergesetz. Mit ganz unterschiedlichen Folgen, wie wir noch sehen.

Einjährige Spekulationsfrist ist zu beachten

Grundsätzlich gilt: Werden Bitcoin & Co. innerhalb der Jahresfrist mit Gewinn verkauft, muss man einen erzielten Verkaufsgewinn mit seinem persönlichen Steuersatz als privates Veräußerungsgeschäft über die jährliche Einkommensteuererklärung versteuern. Hinzu kommen unter Umständen noch Solidaritätszuschlag und gegebenenfalls Kirchensteuer.

Ob ein Veräußerungsgewinn aus Kryptowährungen durch Umtausch, beim Bezahlen mit Kryptos oder an der Börse entsteht, macht aus Sicht des Finanzamts keinen Unterschied. Es ist ebenfalls egal, ob man zum Beispiel Bitcoin mit Gewinn gegen Euro verkauft oder gegen Ether. Beide Male wäre ein solcher Gewinn innerhalb der Jahrespflicht grundsätzlich steuerpflichtig. Umgekehrt lassen sich auch Verluste, die innerhalb eines Jahres realisiert werden, geltend machen. Sie können dann über die Steuererklärung (Anlage SO) allerdings nur mit Gewinnen aus anderen privaten Veräußerungsgeschäften verrechnet werden. Es gelten somit ähnliche steuerliche Spielregeln wie zum Beispiel beim Verkauf von Edelmetallen wie Goldbarren und Silbermünzen, Schmuck, Fremdwährungen, Antiquitäten, Kunstgegenständen, Briefmarken- und Münzsammlungen und Oldtimern etc.

Hat man in einem Jahr insgesamt mehr Miese als Gewinne erzielt, wird der verbleibende Verlust auf Antrag in der Einkommensteuererklärung zunächst ins Vorjahr zurückgetragen und dort mit Gewinnen aus privaten Veräußerungsgeschäften verrechnet; gerade aufgrund der enormen Volatilität von Bitcoin & Co. ist ein solcher Verlustrücktrag nicht unbedingt ein seltener Vorgang. Falls das nicht ausreicht, wird er als Verlustvortrag festgestellt. Der festgestellte Verlust lässt sich dann in der Zukunft mit Gewinnen verrechnen. Er ist allerdings nicht vererbbar.

→ Wie ermitteln Sie die Jahresfrist?

Bei Anschaffung und Veräußerung über eine Handelsplattform gelten die dort aufgezeichneten Zeitpunkte. Bei Direkterwerb und Direktverkauf darf man aus Vereinfachungsgründen auf die Zeitpunkte abstellen, die sich aus dem Wallet ergeben.

Freigrenze von 600 Euro

Auf Gewinne mit verkauften Kryptos zahlen Sie aber noch nicht ab dem ersten Euro Steuern: Es gilt eine Freigrenze von 600 Euro pro Jahr – das heißt: Bleibt man mit seinen Profiten mit Kryptowährungen innerhalb eines Jahres darunter, braucht man nichts zu versteuern. Landet man jedoch genau bei 600 Euro oder darüber, greift auf den vollen Gewinn der persönliche Steuersatz – in der Spitze 42 Prozent beziehungsweise 45 Prozent (sogenannte Reichensteuer für Einkünfte ab 277 826 Euro/555 652 Euro pro

Jahr; Wert für 2022 – Ledige/Verheiratete). Zur Klarstellung: Da der Wert von 600 Euro eine Freigrenze und kein Freibetrag ist, bedeutet das, dass bei Erreichen der Freigrenze der komplette Gewinn ab dem allerersten Euro zu versteuern ist. Wichtig: Die 600-Euro-Grenze gilt übrigens für alle privaten Veräußerungsgeschäfte eines Jahres zusammengenommen. Haben Sie zum Beispiel bereits einen Goldbarren binnen Jahresfrist mit 650 Euro Gewinn verkauft, ist die Freigrenze bereits überschritten. Dann spielt die Höhe der Gewinne aus Bitcoin & Co. keine Rolle mehr, da ohnehin alles steuerpflichtig ist.

Zur Unterscheidung: Bei einem Freibetrag (wie beim Sparerpauschbetrag) ist das anders: Hier bleiben die ersten 801 Euro Gewinn steuerfrei, auch wenn man höhere Gewinne erzielt hat; nur die über 801 Euro hinausgehenden Gewinne sind dann (abgeltung-)steuerpflichtig.

Gut zu wissen

Diesen Steuerservice bieten deutsche Kryptobroker. Kryptotrades sind nicht Teil der herkömmlichen Jahressteuerbescheinigung. Um ihren Nutzern bei der aufwendigen Dokumentation ihrer Handelsaktivitäten zu helfen, erstellen deutsche Kryptobroker in der Regel gesonderte Reports über alle Kryptotransaktionen. Manche dieser Inforeports werten schon die realisierten Gewinne und Verluste nach dem Fifo-Verfahren aus. Bei mehreren Anbietern lassen sich die Daten zudem über csv-Dateien exportieren, die dann in speziellen Krypto-Steuerapps verarbeitet und ausgewertet werden können. Hilfreich kann daher die Nutzung spezialisierter Krypto-Steuer-Apps sein (mehr dazu auf S. 143), für die allerdings Nutzungsgebühren anfallen können.

→ Kosten gegenrechnen

Sie zahlen Gebühren für das Konto bei der Kryptobörse oder für Ihre Wallets et cetera? Die dürfen Sie steuerlich bei der Gewinnermittlung verrechnen.

First In, First Out: Fifo

Wer seine Gewinne oder Verluste mit Kryptowerten ermitteln will, sollte eine Einzelbetrachtung vornehmen (Randziffer 61 des besagten BMF-Schreibens). Da alle Transaktionen in der Blockchain gespeichert werden, ist es zumeist möglich, jederzeit genau nachzuvollziehen, welcher konkrete Token wann gekauft und wann veräußert wurde. So lassen sich Gewinne und Verluste nach Bedarf genauer planen. Wer indes viel in ein und derselben Kryptowährung kauft und wieder verkauft, darf aber auch der Einfachheit halber das sogenannte Fifo-Verfahren (First In, First Out) anwenden – wie man es von Wertpapiergeschäften kennt: Aus Vereinfachungsgründen gelten die Krypto-Token dann als zuerst verkauft, die zuerst angeschafft wurden. Das Finanzamt akzeptiert Fifo ohne Probleme. Die Fifo-Betrachtung kann unter Umständen steuerlich ungünstiger als die Einzelbetrachtung sein.

→ Tipp: Mehrere Wallets nutzen

Wer Gewinne und Verluste gezielt steuern will, sollte unter Umständen mehrere Wallets anlegen. Denn der Fiskus betrachtet die Trades pro Wallet. Ob man die Einzelbetrachtung oder Fifo wählt, kann man je Token in einer Wallet unterschiedlich entscheiden. Man muss die gewählte Methode aber bis zum vollständigen Verkauf der jeweiligen Token in diesem Wallet beibehalten.

Wer Kryptowerte kauft, sollte den Anschaffungsvorgang unbedingt dokumentieren. Denn um den zu versteuernden Betrag zu ermitteln, braucht man die Anschaffungskosten. Es empfiehlt sich, sämtliche Unterlagen sicherheitshalber eine Weile aufzubewahren (siehe „Gut zu wissen", rechts). Wichtig: Wenn man für den Handel mit Kryptos einen Marktplatz wie Coinbase et cetera nutzt, ist für den steuerlich relevanten Anschaffungs- oder Veräußerungszeitpunkt der Zeitpunkt des Handels über die Plattform ausschlaggebend – und nicht etwa der Zeitpunkt, zu dem der Kryptowert aus dem privaten Wallet an das Wallet des Handelsplatzes übertragen wird. Ausländische Kryptobörsen interessieren sich naturgemäß nicht für die Pflicht deutscher Käufer, dem hiesigen Fiskus ihre Kryptogewinne und -verluste zu offenbaren. Bei deutsche Onlinebrokern, die den Handel mit „echten" Kryptowerten anbieten, erhalten die Käufer zumindest Hilfestellung (Details dazu siehe „Gut zu wissen", S. 138). Bei selbst verwahrten Wallets sind Kryptobesitzer natürlicherweise auf sich allein gestellt. Sie müssen sich daher selbst um die korrekte Besteuerung kümmern. Vergessen gilt nicht. Mehr zu Hilfetools siehe S. 143.

Gut zu wissen

Obwohl es nur für sehr vermögende private Steuerzahler (deren Überschüsseinkünfte 500 000 Euro pro Jahr übersteigen) eine gesetzliche Aufbewahrungspflicht für private Bankunterlagen gibt (6 Jahre), sollten Krypto-Käufer auf jeden Fall ihre Unterlagen über Kryptotransaktionen 10 Jahre (das ist die strafrechtliche Verjährungsfrist für Steuerdelikte) aufbewahren, empfehlen Steuerexperten.

Steuerwissen für Krypto-Ambitionierte

Welche Steuerregeln gelten beim Staking, bei Aufspaltungen einer Blockchain oder einer unentgeltlichen Zuteilung von Token etc.? Details zu Spezial-Steuerfragen erfahren Sie hier.

Bis hierher haben wir die gängigsten und wichtigsten Steuerregeln für Privatleute im Detail erläutert. Im Folgenden finden Sie nun Spezialfragen erklärt, die sich vor allem an erfahrene und aktive Krypto-Anhänger richten. Wenn diese Themen für Sie nicht von Bedeutung sind, können Sie weiterblättern auf S. 143.

Steuerliche Besonderheiten bei Hard Forks

Kommt es zu einer Aufspaltung einer Blockchain im Zuge einer Hard Fork, entsteht bekanntlich eine zusätzliche Version einer virtuellen Währung, die neben der ursprünglichen Währung existiert. Nach der Gabelung entwickeln sich die Blockchains der beiden virtuellen Währungen getrennt voneinander weiter. Bei einer solchen Spaltung erhalten die Inhaberinnen und Inhaber von Einheiten der vor der Aufspaltung existierenden virtuellen Währung die gleiche Anzahl von Einheiten der neuen virtuellen Währung hinzu, ohne dass sie dafür eine Gegenleistung erbringen müssen, stellt das Bundesfinanzministerium (BMF) klar. Verkauft man die Einheiten der nach der Hard Fork entstandenen neuen Währung mit Gewinn, greifen wiederum die Regeln für die einjährige Spekulationsfrist und die Freigrenze von 600 Euro; die Anschaffungsdaten der ursprünglichen ungeteilten Blockchain bleiben maßgeblich. Zu berücksichtigen ist noch, dass die Anschaffungskosten der vor der Hard Fork gehaltenen Token gegebenenfalls auf die Token der alten und der neuen Blockchain aufzuteilen sind.

Besonderheiten bei Mining, Staking, Lending und Airdrops

Klar, Krypto-Mining (beim Proof-of-Work-Verfahren) oder -Staking (beim Proof-of-Stake-Verfahren) wird inzwischen vor allem von Unternehmen mit großen Rechnerfarmen betrieben. Für Unternehmen gelten andere Steuerregeln als die im Folgenden beschriebenen. Allerdings können sich auch Privatleute an Mining- oder Staking-Pools beteiligen – und für die Einnahmen daraus interessiert sich ebenfalls das Finanzamt. Steuerlich stellen der Erhalt von Kryptotoken oder Vergütungen durch

Mining oder Staking laut BMF nämlich Anschaffungsvorgänge dar. Das klingt erst einmal seltsam, denn eine Anschaffung ist definiert als der entgeltliche Erwerb eines bestehenden oder bereits vorhandenen Wirtschaftsguts von Dritten. Daher könnte man der Meinung sein, dass beim Mining neue Token hergestellt anstelle von angeschafft werden.

Das BMF sieht das anders und argumentiert so: Die über das Mining ausgeschütteten Einheiten einer virtuellen Währung werden zwar im Zuge der Blockerstellung erstmalig in Verkehr gebracht. Da sie aber bereits mit der Schaffung des ersten Blocks (Genesisblocks) einer Blockchain angelegt sind, haben Blockerstellende keinen Einfluss auf die Eigenschaft der frei werdenden neuen Einheiten virtueller Währungen. Die Gesamtheit der Personen, die Rechte an der Blockchain haben, gewährt ihnen die freigegebenen Einheiten im Tausch für die Dienstleistung der Blockerstellung.

Zu den Einnahmen gehören im Übrigen sowohl die Blockbelohnung als auch die erhaltenen Transaktionsgebühren. Einkünfte aus der gelegentlichen, nicht-gewerblich betriebenen Blockerstellung – egal, ob es sich um neue Token handelt oder um erhaltene Transaktionsgebühren – wertet das Finanzamt daher als Leistungen, die nach Paragraf 22 Nummer 3 Einkommensteuergesetz zu versteuern sind. Auch auf Einnahmen aus der Teilnahme an Staking-Pools ebenso wie an Lending-Pools trifft Gleiches zu.

→ Längere Spekulationsfrist, wenn man Lending nutzt?

Beim Lending überlassen Eigentümer von Kryptowerten ihre Token anderen Personen zur Nutzung, dafür erhalten sie eine Vergütung. Auch wenn Privatleute derart genutzte Token veräußern und Gewinne erzielen, bleibt es bei der Spekulationsfrist von einem Jahr, stellt das Bundesfinanzministerium in seinem Schreiben vom Mai 2022 klar. Es kommt nicht zu einer Verlängerung der Spekulationsfrist auf zehn Jahre gemäß Paragraf 23, Absatz 1, Satz 1 Nummer 2 Satz 4 Einkommensteuergesetz.

Einkünfte aus der Blockerstellung oder aus der Teilnahme an Staking- oder Lending-Pools sind nicht steuerpflichtig, solange die Einkünfte – zusammen mit etwaigen anderen Einkünften aus Leistungen – weniger als 256 Euro pro Jahr betragen haben. Wichtig zu wissen: Auch dieser Wert ist eine Freigrenze und kein Freibetrag.

Gleiches gilt auch bei sogenannten Airdrops, die auf einer Gegenleistung beruhen. Bei einem Airdrop erhalten Kryptobesitzer Einheiten einer virtuellen Währung oder andere Token unentgeltlich zugeteilt. Oft sind solche Airdrops mit Marketing-Aktionen verbunden: Wer neue Einheiten geschenkt haben will, muss dafür etwas tun, zum Beispiel auf Social Media die Token bewerben oder eigene Daten preisgeben.

Schnellüberblick

Versteuerung von Kryptogeschäften

Private Veräußerungsgeschäfte
(Paragraf 23 Einkommensteuergesetz) – einjährige Spekulationsfrist; Freigrenze 600 Euro im Jahr:

- ☐ Veräußerungen von – auf diverse Art erlangter – Token
- ☐ Hard Fork

Sonstige Einkünfte aus Leistungen
(Paragraf 22 Nr. 3 Einkommensteuergesetz), Freigrenze 256 Euro im Jahr:

- ☐ Lending
- ☐ Staking
- ☐ Mining
- ☐ Airdrops mit Gegenleistung
- ☐ Betreiben einer Masternode

Hat man als „Belohnung" von Mining, Staking, Lending oder im Rahmen eines Airdrops mit Gegenleistung neue Einheiten einer virtuellen Währung erhalten, entspricht der Einstandspreis dem Marktkurs im Zeitpunkt der Anschaffung. Wenn ein Börsenkurs vorhanden ist, muss man diesen zugrunde legen oder kann den Kurs einer Handelsplattform (etwa Kraken, Coinbase oder Bitpanda) oder webbasierten Liste (zum Beispiel Coinmarketcap.com) heranziehen. Gibt es bei Airdrops noch keinen Marktkurs, darf man den Wert der erhaltenen Einheiten mit null Euro ansetzen.

Werbungskosten lassen sich im Übrigen steuermindernd berücksichtigen. Als Werbungskosten kommen zum Beispiel Aufwendungen für den Erwerb von Hard- und Software sowie für den Stromverbrauch infrage.

→ Was gilt steuerlich beim Betreiben einer Masternode?

Jedes Blockchain-Netzwerk besteht bekanntlich aus Netzwerkknoten (= Nodes) mit unterschiedlichen Funktionen. Ein Masternode erfüllt besondere Aufgaben: Je nach Blockchain kann es sein, dass der Betrieb von Masternodes sogar vergütet wird. Sofern Sie das nicht gewerblich machen, sondern quasi als Hobby, gelten auch hier die Vorschriften von Paragraf 22 Nummer 3 Einkommensteuergesetz (RZ 15, 45 und RZ 50 des besagten BMF-Schreibens).

Steuerlich kommt es also darauf an, wie man zu seinen Kryptos gekommen ist und ob man Erträge aus ihnen erzielt hat. Je nachdem greifen unterschiedliche Regeln.

Praxisfragen – Von Steuer-Tools zu Mining-Nodes

Welche Steuertools sind interessant? Wie kann man sich einen Bitcoin- oder Ethereum-Netzwerkknoten anschaffen? Antworten darauf sowie weitere praktische Tipps erhalten Sie hier.

Die enormen Kursschwankungen der Kryptowerte können Sie nicht abschrecken? Sie überlegen, erste Schritte zu gehen und eine kleine Summe in Bitcoin oder Ethereum zu stecken? Doch Sie haben noch einige praktische Fragen dazu, bevor es losgehen kann? Viele wichtige Aspekte sprechen wir auf den folgenden Seiten an – egal, ob Sie sich für die sichere Vererbung Ihrer Kryptos oder fürs Mining mit der eigenen Photovoltaikanlage interessieren.

1 Welche Krypto-Steuer-Tools helfen bei der Steuererklärung?

Wer nicht gerade „hodlt", sondern stattdessen öfters Kryptowerte kauft und wieder verkauft, kommt beim Einhalten seiner Steuerpflichten schnell an seine Grenzen, wie wir gesehen haben. Wollen sie die Steuer auf ihre Trades nicht allein mit Taschenrechner oder mithilfe einer Excel-Tabelle ausrechnen, dürfen Käufer Hilfe und technische Lösungen von auf die Kryptobesteuerung spezialisierten Apps und Dienstleistern erwarten. Die Steuertools lassen sich mit bekannten größeren Kryptobörsen oder auch mit eigenen Wallets verbinden – entweder über eine API-Schnittstelle (dann erfolgt der Datenaustausch automatisch) oder den – manuellen – Import einer csv-Datei. Auch manche Onlinebroker ermöglichen den Download von steuerlich relevanten Daten via csv-Datei.

Die meisten Anbieter von Krypto-Steuertools bieten ihre Dienste zu verschiedenen Tarifen an. Diese sind zumeist gestaffelt nach der Anzahl der zu trackenden Transaktionen. Bekannte Steuertools mit Sitz in der D-A-CH-Region (Deutschland, Österreich und Schweiz) sind Blockpit, Accointing, Cointracking und Coin.ink. Finanztest hat die Steuertools bislang nicht getestet.

Accointing gilt als einer der bekanntesten und beliebtesten Anbieter unter Krypto-Fans. Über das Tool können mehr als 300 Wallets und Exchanges mithilfe einer API-Schnittstelle verbunden werden. Auch das österreichische Unternehmen Blockpit offeriert zahlreiche Schnittstellen zu Kryptobörsen. Zusätzlich zu normalen Transaktionen werden auch Erträge aus Lending und Staking sowie Airdrops berücksichtigt. Beide genannten Anbieter kooperieren mit deutschen Steuerberaterinnen und -beratern, um die Konformität mit deutschen Steuergesetzen zu ermöglichen.

2 Gibt es eine Einlagensicherung auf Kryptowerte?

In der EU sind Bankeinlagen wie zum Beispiel Tagesgeld per Gesetz bis zu einem Betrag in Höhe von 100 000 Euro pro Einleger und Bank abgesichert; für Paare mit Gemeinschaftskonto sind es 200 000 Euro. Hinzu kommen in Deutschland je nach Bankengruppe und Institut oft nochmals zusätzliche Absicherungen. Was für Bankeinlagen gilt, greift jedoch nicht für Kryptobestände. Wenn ein Dienstleister wie etwa eine Handelsplattform oder ein Anbieter von Wallets Geld verliert oder seine Geschäftstätigkeit aufgeben muss, besteht kein solcher Schutz, der die Verluste der Kunden abdeckt, wie beispielsweise bei Einlagensicherungssystemen oder Anlegerentschädigungssystemen.

3 Was passiert, wenn die Kryptobörse, an der ich aktiv bin, gehackt wird oder pleitegeht?

In der Regel sind die Guthaben in Kryptowährungen der Inhaber auf einer Kryptobörse gegen kriminelle Handlungen versichert. Doch Vorsicht: Die Versicherung greift nicht, wenn die Kryptowerte verloren gehen, weil zum Beispiel die Inhaber ihre Anmeldedaten verloren haben und jemand anderes dann unbefugt Zugriff genommen hat.

Sollte eine Kryptobörse pleitegehen, sieht es anders aus, denn viele Kryptobörsen legen in ihren Konditionen fest, dass man lediglich den Zugang auf Coins erwirbt und nicht die Coins selbst. Sollte die Kryptobörse also in finanzielle Schwierigkeiten geraten und es zu einem Insolvenzverfahren kommen, können die Einlagen von Kunden im schlimmsten Fall als Firmenvermögen behandelt werden, und diese würden ihr Geld womöglich verlieren. Wichtig ist es daher, sich die Bedingungen von Kryptobörsen im Vorhinein genau anzuschauen.

Für deutsche Anleger empfiehlt es sich daher, sicherheitshalber auf von der deutschen Finanzaufsicht Bafin regulierte Handelsplätze wie Coinbase oder die Bison-App der Gruppe Börse Stuttgart zu setzen. Allerdings ist man auch bei Coinbase vor dem geschilderten Risiko nicht gefeit: Wenn Coinbase in die Insolvenz geraten sollte, könnten die Kryptobestände ebenfalls verloren sein. Denn sie würden im Fall des Falles nicht als Sondervermögen betrachtet, sondern als Teil der Insolvenzmasse.

Bei der Bison-App sieht es dagegen anders aus: Hier übernimmt die blocknox GmbH, ein Unternehmen der Börse Stuttgart Group, treuhänderisch die Verwahrung der erworbenen Kryptowährungen. Daher sind die für andere verwahrten Kryptowerte nicht von einer Insolvenz der blocknox GmbH tangiert.

Gegen Hackerangriffe wurde bei der blocknox GmbH ein mehrstufiges Sicherheitskonzept implementiert. Der Großteil der Kryptowerte wird im Cold Storage verwahrt, das nicht mit dem Internet verbunden ist. Zudem hat die blocknox GmbH für einen Teil der von ihr verwahrten Kryptowerte eine Versicherung abgeschlossen, die gegen Hackerangriffe und Diebstahl schützt. Auch andere deutsche Kryptoverwahrer arbeiten mit solchen mehrstufigen Sicherheitskonzepten. Ob diese Sicherheitskonzepte im Fall des Falles tragen, lässt sich nicht im Vorhinein beurteilen.

4 Kann ich hierzulande mit Bitcoin in Geschäften zahlen?

Die Anzahl von Geschäften, die in Deutschland Bitcoin oder andere Kryptowährungen als Zahlungsmittel akzeptieren, ist sehr gering. Eine genaue Liste mit Geschäften gibt es nicht, aber auf Webseiten wie coinmap.org kann man über eine interaktive Karte eine Übersicht erhalten. Auch online gibt es nur wenige Anbieter, bei denen man mit Kryptowerten zahlen kann. Ein Beispiel ist der bekannte Lieferdienst Lieferando.

5 Was passiert mit meinen Kryptowährungen, wenn ich sterbe?

Kryptoanleger sind gut beraten, für diesen Fall Vorkehrungen zu treffen. Sie sollten sicherstellen, dass Private Key oder Seed-Phrase an die Erben weitergegeben werden. Dies kann nur geschehen, wenn im Vorhinein Absprachen mit einem Testamentsvollstrecker oder Anwalt getroffen wurden. Eine sichere Möglichkeit wäre es, ein Bankschließfach zu nutzen und dem Testament einen Schlüssel dafür beizulegen.

Eine andere Möglichkeit besteht darin, schon im Voraus den Aufbewahrungsort der Private Keys mit dem Lebensgefährten oder einer anderen Vertrauensperson zu teilen. Dabei sollte man bedenken, dass jeder, der den Zugriff hat, uneingeschränkt über die Kryptowährungen verfügen kann. Wer nicht rechtzeitig aktiv wird und keine Schritte unternimmt, um die Übergabe sicherzustellen, riskiert, dass im Todesfalle niemand Zugriff auf das Wallet hat. Dies würde schlussendlich den Verlust der Kryptowerte bedeuten.

6 Wie werden Bitcoins vererbt – und muss man Erbschaftsteuer zahlen?

Das Vererben von Bitcoins, die über Kryptobörsen gehalten werden, gestaltet sich im Grunde recht einfach. Token werden zum Teil der Erbmasse. Vorausgesetzt, die Kryptobörsen sind den Erbenden bekannt, können die erbenden Personen als neue Kontoinhaber eingetragen werden; sie können die auf der Plattform verwahrten Assets fortan verwalten. Die Erben müssen sich legitimieren, bis sie eingetragen werden können.

Sollten die Token auf einem eigenverwahrtem Wallet verwahrt werden, ist es wichtig, dass die erbenden Personen darüber informiert sind, wo sich das Wallet befindet und was der Private Key ist. Denkbar wäre, einen Notar zu beauftragen, den Private Key erst nach dem Ableben bestimmten Personen zu übergeben. Auch denkbar wäre, den Private Key in zwei Teile zu zerlegen und zwei verschiedene Notare zu beauftragen. Steuerlich gesehen werden Bitcoins, Ethereum & Co. Teil der Erbmasse und müssen wie üblich versteuert werden (Erbschaftssteuererklärung). Je nach Verwandtschaftsverhältnis gelten unterschiedliche Steuerklassen und Freibeträge.

7 Wie kann ich mir eine Bitcoin- oder Ethereum-Node aufstellen?

Jeder Interessierte kann Teil des Bitcoin- oder Ethereum-Netzwerks werden. Einen Netzwerkknoten (Englisch: Node) zu betreiben mag sich zunächst kompliziert anhören, ist aber eigentlich nichts anderes als die kontinuierliche Ausführung einer Software auf einem Computer, der mit dem Internet verbunden ist. Die erste Voraussetzung besteht also darin, sich einen Computer mit ausreichend Speicherkapazität und Rechenleistung anzuschaffen sowie eine stabile Internetverbindung. Jede Blockchain stellt im Detail andere Anforderungen, was die Hardware anbetrifft. So ist zum Beispiel das Bitcoin-Netz in puncto Hardwareanforderung weniger anspruchsvoll als Ethereum.

Es gibt Anbieter, die vorgefertigte Nodes verkaufen, welche sich ohne eine umfangreiche Installation betreiben lassen. Zum Beispiel kann man eine vorgefertigte Bitcoin-Node über den Anbieter Fulmo (https://fulmo.org/) erwerben.

Ein Profi-User kann sich auch kostengünstiger die Hardware selbst zusammenstellen und eigenständig die Installation der notwendigen Software vornehmen. Hierfür bietet sich zum Beispiel ein Mini-Rechner wie der Raspberry Pi 4 in Kombination mit einer SSD-Festplatte für die Speicherung der Blockchain an. Dafür sollten allerdings die nötigen IT-Kenntnisse vorhanden sein, da die Installation meist in den Kommandozeilen des Computers durchgeführt wird. Alternativ kann eine Node übrigens auch über einen Cloud-Anbieter wie Google Cloud oder AWS (Amazon Web Services) betrieben werden.

8 Was ist beim Kauf einer Node zu berücksichtigen?

Es existieren unterschiedliche Anbieter, die fertig aufgesetzte Nodes verkaufen. Diese unterscheiden sich durch die Rechenleistung, Speicherkapazität und die vorinstallierte Software. Vor dem Kauf einer Node sollte berücksichtigt werden, für welchen Zweck diese angeschafft wird. Wer einfach nur Teil des Netzes sein möchte oder die Node für Testzwecke benötigt, ist mit kleineren Computern oder virtuellen Servern gut bedient. Für produktive Nodes – das sind Rechnerknoten, mit denen man aktiv mit der öffentlichen Blockchain oder in Testnetzwerken interagieren kann – sollte ein Computer mit schnellem Prozessor und genügend Arbeitsspeicher gewählt werden. Wenn Sie sich für die Details zu den Anforderungen an Nodes interessieren, finden Sie Angaben zu den Spezifikationen im Hilfe-Teil ab S. 148.

9 Kann ich selbst Mining betreiben? Wenn ja, wie?

Jede und jeder hat prinzipiell die Möglichkeit, als Miner am Netzwerk teilzunehmen und Transaktionen zu bestätigen. Dafür müssen die korrekte Hardware vorhanden sein, die dazu passende Mining-Software und ein Wallet. Dies geht bei Kryptowerten wie zum Beispiel Bitcoin, Ethereum oder auch Monero. In den Anfangsjahren der Bitcoin-Blockchain war es noch möglich, mit einfacher Hardware Mining zu betreiben. Da aber die Komplexität, um Transaktionen zu verifizieren, immer weiter ansteigt, ist es für einzelne Miner schwieriger geworden, erfolgreich einen Block zu erstellen.

Mining hat sich zu einem ganzen Industriezweig entwickelt. Dementsprechend werden also schnelle Computer mit einer passenden leistungsstarken Grafikkarte benötigt. Für private Node-Betreiber ist es daher eine Überlegung wert, sich bei einem Miningpool anzumelden, statt allein zu minen. In einem Miningpool schließen sich Miner zusammen und teilen die sich aus der Minig-Aktivität erhaltenen Tokens. Da man beim Mining nicht nur mit hohen Anschaffungskosten für das Equipment, sondern auch mit Stromkosten im laufenden Betrieb rechnen muss, ist es oft ein nicht oder kaum profitables Vorhaben.

10 Ist es sinnvoll, Mining zu betreiben, wenn ich eine Photovoltaik-Anlage auf dem Dach habe?

Ob sich allein durch den Besitz einer Photovoltaik-Anlage Mining lohnt, lässt sich nicht pauschal beantworten. Wer mit Gewinnerzielungsabsicht den überschüssigen Strom seiner Photovoltaik-Anlage für Mining nutze möchte, sollte bedenken, dass es bei der Rentabilitätsrechnung mehrere Faktoren zu beachten gibt. Der Strompreis ist zwar ein ausschlaggebendes Kriterium bei der Berechnung, ob sich Minen lohnt oder nicht, doch es gibt auch andere Faktoren wie die Anschaffungskosten der Hardware, die steuerlichen Aspekte und welche Betriebszeit der überschüssige Strom der Photovoltaik-Anlage überhaupt ermöglicht. Auch sollte man gegenrechnen, wie hoch eine Einspeisevergütung ausfällt, wenn man statt Mining den nicht verbrauchten Strom ins Netz einspeist.

Im Internet gibt es „Mining Calculator" (etwa bei CryptoCompare), die bei Kalkulationen helfen. Sie berechnen die Profitabilität von Mining anhand der Hashing Power, also der Rechenleistung des Miners, des Stromverbrauchs, der Kosten pro Kilowattstunde und der Pool-Fee, sofern man sich dafür entscheiden sollte, gemeinsam mit anderen Minern zusammen in einem Pool zu minen. Keine triviale Entscheidung also.

Hilfe

Fachbegriffe erklärt

Airdrop. Besitzer eines Kryptowertes erhalten unentgeltlich → Token, zum Beispiel im Rahmen von Marketingaktionen.

Altcoins. Kurzfassung für „Alternative Coins". Das sind alle Kryptowerte, die nicht Bitcoin sind.

Beacon Chain. Blockchain, die für die Umstellung des Ethereum-Netzwerks von → Proof-of-Work auf → Proof-of-Stake geschaffen wurde.

Bitcoin. Ältester und bedeutendster dezentraler Kryptowert für ein globales Transaktionssystem. Die Regeln des Netzwerks sind öffentlich, alle können teilnehmen. Wird durch → Mining erzeugt.

Block. Datenpaket in einer → Blockchain, wobei ein Block an die vorhergehenden Blöcke angehängt wird. In einem Block werden Transaktionen gespeichert.

Blockchain. Verteilte Datenbank, in der Transaktionen nachvollziehbar gespeichert werden.

Bridge. Mittels einer Bridge, zu Deutsch Brücke, können Informationen und Token zwischen verschiedenen → Blockchains ausgetauscht werden.

Coin. Native (also: echte) → Token einer → Blockchain. Bitcoin ist der Coin der → Bitcoin-Blockchain, Ether der Coin der → Ethereum-Blockchain.

dApp. Kurzform für dezentrale Applikation. Software, die in → Smart Contract-Blockchains angewandt werden kann.

DeFi. Decentralized Finance. Oberbegriff für blockchainbasierte Finanzdienstleistungen in der Kryptowelt. DeFi-Geschäfte werden ohne Vermittler direkt zwischen zwei Marktteilnehmerinnen oder -teilnehmern geschlossen.

DEX. Abkürzung für Decentral Exchange, übersetzt: dezentrale Börse. Hier handeln Marktteilnehmer direkt miteinander, ganz ohne zentralen Mittler, der die Geschäfte steuert oder überwacht.

Distributed Ledger (DL). Auch Distributed Ledger Technology (DLT). Ein dezentrales Datenspeichersystem, das über einen Konsensmechanismus synchronisiert wird und in dem alle Informationen lückenlos und fälschungssicher aufgezeichnet werden. Die → Blockchain-Technologie ist eine Unterklasse der DLT.

Ethereum. Zweitwichtigster Kryptowert nach → Bitcoin. Auf Ethereum basieren viele → DeFi-Anwendungen. Auch Smart Contract Plattform genannt.

Fiat-Währung. Offizielle Währungen wie Euro oder US-Dollar sind Fiat-Geld. Sie werden von Staaten ausgegeben und sind nicht an den Preis eines Rohstoffes (zum Beispiel Gold) gebunden.

Forging. Bezeichnet das Schaffen neuer Blöcke auf einer → Proof-of-Stake-Blockchain. Der Begriff lässt sich mit „Schmieden" übersetzen.

Genesisblock. Erster Block in einer → Blockchain.

Halving. Auf Deutsch: Halbierung. Bei → Bitcoin wird alle 210 000 Blöcke nach einem Halving die Belohnung für das → Mining der neu geschaffenen Blöcke halbiert. Dadurch nimmt das Angebot neu geschaffener → Coins über die Zeit ab.

Hard Fork. Wenn die Regeln einer Blockchain verändert werden und nicht mit der Vorgängerversion kompatibel sind, kommt es zu einer Spaltung der → Blockchain, sodass zwei verschiedenen Versionen koexistieren können.

Hash-Funktion. Eine kryptografische Hash-Funktion ist ein mathematischer Algorithmus, der Informationen kryptografisch verschlüsselt. Ein Hash kann nicht rückwärts entschlüsselt werden.

Initial Coin Offering (ICO). Ausgabe von → Token im Tausch gegen Einheiten einer virtuellen oder staatlichen Währung.

Konsensmechanismus. Dient der Einigung über den Status der → Blockchain und ist so konzipiert, dass alle Teilnehmer eine identische Kopie der verteilten Datenbank haben. → Proof-of-Stake- und → Proof-of-Work-Konsensmechanismen zeichnet aus, dass getätigte Einträge nahezu manipulationssicher und nicht mehr veränderbar sind.

Krypto. Altgriechisch für verborgen, verschlüsselt, geheim. Kryptografie ist die Wissenschaft zur Verschlüsselung von Informationen und Daten.

Layer 1 und Layer 2. Begriffe aus der → Blockchain-Architektur. Layer 1 ist die erste Schicht, sozusagen die Blockchain selbst. → Bitcoin und Ethereum sind Layer-1-Blockchains. Layer 2 bezieht sich auf das Netzwerk oder Protokoll, das auf einer Layer-1-Blockchain aufbaut.

Ledger. Kassenbuch, siehe auch → Distributed Ledger.

Lending. Überlassen von Kryptowerten gegen Vergütung ähnlich einem Darlehen.

Lightning Network. Skalierungslösung für → Bitcoin, um mehr Transaktionen schneller abwickeln zu können.

Mining. Siehe → Proof-of-Work. Miner nutzen Rechenpower für das Lösen eines kryptografischen Rätsels, um Transaktionen zu verarbeiten und Blöcke auf einer → Blockchain zu validieren. Sie erhalten Kryptotoken als Entlohnung.

NFT. Non-Fungible Token, auf Deutsch: Nicht austauschbarer → Token. Die Token können zwar übertragen werden, aber die Anzahl ist limitiert.

Nodes. Auch Knoten genannt. Computer, der Teil eines Blockchain-Netzwerks ist und über einen Konsensmechanismus synchronisiert wird. Alle Nodes besitzen den identischen Datenbestand in Form der Blockchain.

Nonce. Kurzform für „Number that can only be used once“, also eine einmal verwendete Zahl. Beim → Proof-of-Work ist derjenige zur Blockerstellung berechtigt, der als erster durch Ausprobieren die korrekte Berechnung durchführt, in die die Nonce, eingehen muss.

Open Source. Der Quellcode einer Software kann frei verfügbar heruntergeladen und für jeden Zweck verwendet werden. Darüber hinaus bedeutet Open Source inzwischen häufig auch, dass ein Open Source-Projekt von einer offenen Gemeinschaft von Freiwilligen entwickelt wird und eine bestimmte dezentrale Art und Weise des Arbeitens widerspiegelt, die auch der Geschichte des Internets entspricht.

Peg. Zu Deutsch Koppelung. Ein → Stablecoin wird an eine etablierte Währung wie den US-Dollar gekoppelt. Durch den Peg entspricht ein → Stablecoin einem Dollar.

Private Key. Passwort für den Zugriff auf Kryptowerte. Muss streng geheim gehalten, aber gut gemerkt werden, da nur mit seiner Kenntnis über Kryptotoken verfügt werden kann. Geht er verloren, verliert man den Zugriff auf seine → Token.

Proof-of-Stake. Konsensmechanismus, der auf der Hinterlegung von Kryptowerten beruht; ist weniger energieintensiv als → Proof-of-Work. Die Ersteller des nächsten Blocks auf der → Blockchain, auch Forger (→ Forging) oder → Validatoren genannt, hinterlegen eigene oder auch über sogenannte Staking-Pools bereitgestellte Token als Sicherheit (= Stake).

Proof-of-Work. Konsensmechanismus, der auf dem Nachweis geleisteter Rechenarbeit beruht; gilt als sehr sicher, aber energieintensiv. Derjenige darf den nächsten Block an die → Blockchain anhängen (→ Mining), der als erster die Rechenaufgabe löst, in die die → Nonce eingehen muss. Als Belohnung winken neu ausgeschüttete Token, meist auch Transaktionengebühren für die in den neuen Block aufgenommenen Transaktionen.

Protokoll. In der Datenkommunikationstechnik eine definierte Vereinbarung über die Art und Weise des Informationsaustauschs zwischen zwei Systemen. Im Falle von → Blockchains werden alle eingetragenen Datentransfers im → Blockchain-Protokoll auf vielen Rechnern dezentral gespeichert (→ Distributed Ledger) – nach den einheitlichen Regeln des Protokolls.

Public Key. Vergleichbar mit der IBAN (Kontonummer) beim Girokonto. Er kann Dritten bekannt gegeben werden, um Kryptotransaktionen durchzuführen.

Seedphrase. Zufällig generierte Worte zur Verschlüsselung eines Krypto-Wallets.

Shorten. Auf Deutsch: Leerverkäufe. Hochspekulatives Geschäft, bei dem man Wertpapier- oder Kryptobestände ausleiht und weiterverkauft, in der Hoffnung auf sinkende Preise, zu denen man die Werte später günstig beschaffen kann.

Smart Contracts. Übersetzt: intelligente Verträge. Feste Programmroutinen auf einer Blockchain, die automatisch ablaufen, wenn bestimmte Bedingungen erfüllt sind. Basisfunktionalität für → dApps.

Soft Fork. Änderungen im Konsensprotokoll einer → Blockchain, die abwärtskompatibel sind. So kommt es nicht zu einer dauerhaften Spaltung der → Blockchain wie bei einem → Hard Fork.

Stablecoin. Kryptowert, dessen Wert an eine → Fiat-Währung gekoppelt ist.

Staking. Siehe → Proof-of-Stake.

Token. Oberbegriff für digitale Recheneinheiten. Kryptotoken repräsentieren meist digitale Vermögenswerte, denen sich Rechte oder Ansprüche zuordnen lassen.

Validator. Sind verantwortlich für das Schaffen neuer Blöcke in einem Blockchain-Protokoll. Bei → Proof-of-Work-basierten → Blockchains wie → Bitcoin werden sie Miner (→ Mining) genannt, im Falle von → Proof-of-Stake-basierten → Blockchains wie → Ethereum Forger (→ Forging).

Wallet. Ist für die Verwahrung, das Empfangen und Übertragen von Kryptowerten nötig. Im Wallet werden die privaten und öffentlichen Schlüssel (→ Private Key, Public Key) verwahrt werden, die den Zugang zu den gespeicherten Kryptowerten ermöglichen. Cold Wallets sind offline, Hot Wallets sind mit dem Internet verbunden.

Web 3.0. Diese Generation des World Wide Web ermöglicht blockchain-basierte Anwendungen und Interaktionen zwischen Nutzern (Peer-to-Peer) ohne eine vermittelnde Organisation aber mit möglicherweise integriertem Wertetransfer.

Technische Anforderungen an Nodes

Seit dem Umstieg von Proof-of-Work zu Proof-of-Stake, im September 2022, läuft das Konsensprotokoll von Ethereum über sogenannte Validator Nodes. Diese bestehen aus einem Execution Client (eine Node im traditionellen Sinne) und einem Consensus Client (welcher am Konsens teilnimmt).

Die Mindestanforderungen für Ethereum:

- **CPU** mit 2500+ PassMark Score
- **8 GB** RAM
- **1 TB** SSD
- **10 Mbps** Bandbreite

Empfohlene Spezifikationen für Ethereum:

- **CPU** mit 6000+ PassMark Score
- **16 GB** RAM
- **2 TB** SSD
- **25 Mbps** Bandbreite

Die Mindestanforderungen für Bitcoin Nodes:

- **CPU** mit 300+ PassMark Score
- **256 MB** RAM
- **350 GB** HDD
- **50 Kbps** Bandbreite

Empfohlene Spezifikationen für Bitcoin Nodes:

- **CPU** mit 830+ PassMark Score
- **2 GB** RAM
- **700 GB** SSD
- **1 Mbps** Bandbreite

Bitcoin Nodes prüfen neue Transaktionen, leiten diese an Miner weiter und archivieren validierte Blöcke. Die Mindestanforderungen zum Betreiben einer Node sind absichtlich sehr niedrig, um eine Dezentralisierung des Netzwerks zu ermöglichen.

Surftipps und Literatur

Hier finden Sie Lesestoff, falls Sie tiefer in die Materie einsteigen wollen. Gut zu wissen: In der global vernetzten Kryptowelt wird üblicherweise in Englisch kommuniziert, vor allem im Internet. Fachbücher und eine Reihe von Informationen gibt es auch in deutscher Sprache.

Bücher

Ammous, Saifedean: Der Bitcoin Standard: Die dezentrale Alternative zum Zentralbankensystem. Verlag: Aprycot, 2019.

Antonopoulos, Andreas M.: Bitcoin & Blockchain – Grundlagen der Programmierung. Die Blockchain verstehen, Anwendungen entwickeln. Verlag: O'Reilly, 2018.

Leinweber, M., Willig, J.: Asset-Allokation mit Kryptoassets: Das Handbuch. Verlag: John Wiley & Sons, 2022.

Whitepaper und Artikel

Bitcoin: Nakamoto, Satoshi (2008). A peer-to-peer electronic cash system. https://bitcoin.org/de/bitcoin-paper

Ethereum: Buterin, Vitalik (2013): A Next-Generation Smart Contract and Decentralized Application Platform. https://ethereum.org/en/whitepaper/

Bundesministerium der Finanzen (2022). Einzelfragen zur ertragssteuerrechtlichen Behandlung von virtuellen Währungen und sonstigen Token. https://www.bundesfinanzministerium.de/Content/DE/Downloads/BMF_Schreiben/Steuerarten/Einkommensteuer/2022–05–09-einzelfragen-zur-ertragsteuerrechtlichen-behandlung-von-virtuellen-waehrungen-und-von-sonstigen-token.html

Deutsche Bundesbank (2021). „Der Einfluss der Geldpolitik des Eurosystems auf Bitcoin und anderer Krypto-Token", Monatsbericht September 2021. 2021–09-geldpolitik-krypto-token-data.pdf

Bank for International Settlements (2022). "III. The future monetary system", BIS Annual Economic Report 2022. https://www.bis.org/publ/arpdf/ar2022e3.html

Internetadressen

Blockchains/Gebühren: bitinfocharts.com
Crypto Crime Report: blog.chainalysis.com
Energie: https://ccaf.io/cbeci/index
Marktinfo: coinmarketcap.com
Marktinfo: coingecko.com
Marktinfo: messari.io
News: twitter.com
Weiterbildung: www.frankfurt-school.de/home/research/centres/blockchain

Kostenmodelle der Kryptobörsen

Wir haben Kryptobörsen mit Verrechnungskonto und mindestens vorläufiger Verwahrlizenz der Finanzaufsicht untersucht. Einige verzichten auf direkte Kaufkosten, verdienen

Anbieter		Bison
Marktstart des Angebots (Jahr)		2019
Eröffnung eines Accounts per Videochat		■
Eröffnung eines Accounts per E-Ident		■
Bankpartner für das Verrechnungskonto		Solarisbank
Einzahlung auf das Verrechnungskonto		Überweisung
Kontakt zum Kundenservice		E-Mail
Verwahrung		
Lizenz der BaFin für das Kryptoverwahrgeschäft		vorläufige Lizenz
Verwahrdienstleister der Kryptowerte		Blocknox
Übertragung der Kryptowährungen auf ein privates Wallet		■
Jährliche Verwahr- und Nutzungsgebühren		0,00 €
Einmalanlage		
Kryptohandel über eine App		■
Kryptohandel über den Desktop/Internetbrowser		■
Handelszeiten der Kryptowährungen		24 Stunden am Tag
Anzahl handelbarer Kryptowährungen		7
Mindestbetrag bei der Einmalanlage (Euro)		0,01
Kosten beim Kauf beziehungsweise Verkauf	**Transaktionskosten**[1]	0,00 €
	Kosten durch Spread[2]	0,75 %
	Gesamtkosten[1]	0,75 %
Gesamtkosten (Euro) **für eine Bitcoinorder mit einem Kurswert von …** (inklusive Spread)	**500 Euro**	3,75
	1 000 Euro	7,50
	5 000 Euro	37,50
	10 000 Euro	75,00
Mögliche Ordertypen		Marktorder, Limitorder, Stop-Loss-Order
Sparpläne		
Angebot von Sparplänen		■
Anzahl sparplanfähiger Kryptowährungen		7
Ausführungsintervalle		Wöchentlich, monatlich, quartalsweise
Monatliche Mindestrate (Euro)		0,01
Ausführungskosten[2]		0,75 %[3]

Gelb markiert sind die beiden preisgünstigsten Anbieter sowie alle Anbieter, bei denen die Übertragung der Kryptowährungen auf ein persönliches Wallet möglich ist.

■ = Ja. ❑ = Nein. – = Entfällt.
Stand: 15. August 2022

aber an höheren Spreads, also dem Unterschied zwischen An- und Verkaufskurs. Die Depots sind kostenlos, nur Coindex erhebt eine jährliche Nutzungsgebühr.

	BSDEX (Börse Stuttgart Digital Exchange)	**Coindex**	**Justtrade**	**Trade Republic**
	2019	2021	2019	2019
	■	■	■	■
	❑	❑	❑	❑
	Solarisbank	Sutor Bank	Sutor Bank	Citibank Europe, Deutsche Bank, Solarisbank
	Überweisung	Überweisung	Überweisung	Überweisung; Kreditkarte, Apple Pay, Google Pay (Einzahlungsgebühr jeweils 0,7 %)
	E-Mail, Telefon	E-Mail, persönlicher Chat, Telefon	E-Mail	E-Mail
	vorläufige Lizenz	■	■	vorläufige Lizenz
	Blocknox	Bankhaus von der Heydt	Bankhaus von der Heydt	BitGo Deutschland
	■	■ [5]	❑	❑
	0,00 €	1 % des Portfoliowerts	0,00 €	0,00 €
	■	❑	■	■
	■	■	■	■
	23,5 Stunden am Tag	24 Stunden am Tag	24 Stunden am Tag	24 Stunden am Tag
	7	21	21	51
	0,01	1,00	50,00	10,00 [8]
	0,35 % [4]	0,50 %	0,00 €	1,00 €
	0,06 %	0,00 %	0,30 %	1,00 %
	0,41 % [4]	0,50 %	**0,30 %**	1,00 € + 1,00 %
	2,05	2,50	1,50	6,00
	4,10	5,00	3,00	11,00
	20,50	25,00	15,00	51,00
	41,00	50,00	30,00	101,00
	Marktorder, Limitorder, Stop-Loss-Order	Marktorder	Marktorder [6]	Marktorder
	❑	■	❑ [7]	■
	–	21	–	49
	–	Monatlich	–	Zweiwöchentlich, monatlich, quartalsweise
	–	1,00	–	30,00
	–	0,50 %	–	1,00 % [3]

1) Euro und/oder in Prozent des Ordervolumens.
2) In Prozent des Ordervolumens.
3) Kosten durch den Spread.
4) Eine Limitorder kostet 0,15 Prozentpunkte weniger.
5) Bei der Übertragung können Kosten entstehen.
6) Per Quote-Request-Handel.
7) Sparpläne mit Krypto-ETP (Wertpapiere, die den Kurs abbilden) sind möglich.
8) Hängt vom jeweiligen Kryptowert ab. Bei Bitcoin müssen mindestens 0,0005 Einheiten gehandelt werden, aktueller Wert rund 10 Euro.

In Deutschland börsennotierte ETN

Die Tabelle bietet einen Überblick über Exchange Traded Notes (ETN) auf Bitcoin und Ethereum, die an der Börse Frankfurt gehandelt werden und bei denen die Anbieter zugesichert haben, Bitcoin beziehungsweise Ether als Sicherheit zu hinterlegen. Ausgewählt wurden ETN mit einer Kurshistorie von mindestens einem Jahr und einem verwalteten Vermögen von mindestens 50 Millionen Euro. Die Sortierung in der Tabelle erfolgte nach Wertentwicklung und Kosten.

Produktname / Kryptowährung	Isin	Kosten	Wertentwicklung 1 Jahr [1)]
Bitcoin-ETN (Euro)	**Bitcoin (Euro)**		**–49,7 %**
21Shares Bitcoin ETP	CH0454664001	1,49 %	–50,11 %
WisdomTree Bitcoin	GB00BJYDH287	0,95 %	–50,61 %
CoinShares Physical Bitcoin	GB00BLD4ZL17	0,98 %	–50,73 %
VanEck Bitcoin ETN	DE000A28M8D0	1,00 %	–50,73 %
BTCetc – ETC Group Physical Bitcoin	DE000A27Z304	2,00 %	–51,18 %
Ethereum-ETN (Euro)	**Ether (Euro)**		**–46,7 %**
VanEck Ethereum ETN	DE000A3GPSP7	1,00 %	–46,59 %
CoinShares Physical Ethereum	GB00BLD4ZM24	1,25 %	–46,62 %
ETHetc – ETC Group Physical Ethereum	DE000A3GMKD7	1,49 %	–46,73 %
21Shares Ethereum ETP	CH0454664027	1,49 %	–46,79 %

1) Auf Basis der Kursdaten der Börsen Frankfurt (Xetra) oder Stuttgart.
Quelle: Refinitiv; Stand: 31. August 2022

Stichwortverzeichnis

H

I/K

L/M/N/O

P

R/S

T/U

V/W/Y/Z

Die Stiftung Warentest wurde 1964 auf Beschluss des Deutschen Bundestages gegründet, um dem Verbraucher durch vergleichende Tests von Waren und Dienstleistungen eine unabhängige und objektive Unterstützung zu bieten.

Die Autoren

Professor Dr. Philipp Sandner hat das Frankfurt School Blockchain Center (FSBC) gegründet. Er ist Mitglied im Digital Finance Forum des Bundesministeriums der Finanzen. Seine Expertise umfasst Blockchain-Technologie, Kryptowerte, Decentralized Finance, digitaler Euro, Tokenisierung of Assets und digitale Identität.

Antonie Klotz und Brigitte Wallstabe-Watermann sind freie Journalistinnen und Mitgründerinnen von finanzjournalisten.de. Sie sind auf Finanzthemen spezialisiert und arbeiten für namhafte Medien. Für die Stiftung Warentest haben sie die Bücher „Anlegen mit ETF", „Die Finanztest-Strategie", „Geldanlage für Mutige" und „Immobilien verschenken und vererben" mitgeschrieben.

Stiftung Warentest
Lützowplatz 11–13
10785 Berlin
Telefon 0 30/26 31–0
Fax 0 30/26 31–25 25
www.test.de
email@stiftung-warentest.de

USt-IdNr.: DE 136725570

Vorstand: Hubertus Primus
Weitere Mitglieder der Geschäftsleitung: Dr. Holger Brackemann, Julia Bönisch, Daniel Gläser

Programmleitung: Niclas Dewitz

Autoren: Antonie Klotz, Professor Dr. Philipp Sandner, Brigitte Wallstabe-Watermann
Projektleitung: Ursula Rieth
Lektorat: Heike Plank
Korrektorat: Christoph Nettersheim
Fachliche Unterstützung: Karin Baur, Marieke Einbrodt, Simeon Gentscheff, Stephan Kühnlenz, Max Schmutzer, Yann Stoffel (Finanztest); Constantin Lichti, Dominik Peer, Julian Proft (Frankfurt School Blockchain Center); Diplom-Finanzwirt (FH) Michael Degethof
Titelentwurf: Josephine Rank, Berlin
Layout, Grafik, Satz, Bildredaktion: Büro Brendel, Berlin
Illustrationen: shutterstock (Leremy)
Bildnachweis: GettyImages (Titel)
Infografiken/Diagramme: Florian Brendel, Berlin

Produktion: Vera Göring, Christian Königsmann
Verlagsherstellung: Rita Brosius (Ltg.), Romy Alig, Susanne Beeh
Litho: tiff.any, Berlin
Druck: DCM Druck Center Meckenheim GmbH

ISBN: 978-3-7471-0567-2

Wir haben für dieses Buch 100 % Recyclingpapier und mineralölfreie Druckfarben verwendet. Stiftung Warentest druckt ausschließlich in Deutschland, weil hier hohe Umweltstandards gelten und kurze Transportwege für geringe CO_2-Emissionen sorgen. Auch die Weiterverarbeitung erfolgt ausschließlich in Deutschland.